孩子心中的10类好爸爸

成功父母培训教程

童世军 ◎著

北京理工大学出版社

BEIJING INSTITUTE OF TECHNOLOGY PRESS

图书在版编目（CIP）数据

孩子心中的10类好爸爸 / 童世军著. —北京：北京理工大学出版社，2012.1

ISBN 978-7-5640-5195-2

Ⅰ.①孩… Ⅱ.①童… Ⅲ.①家庭教育 Ⅳ.①G78

中国版本图书馆CIP数据核字（2011）第201532号

出版发行 / 北京理工大学出版社

社　　址 / 北京市海淀区中关村南大街 5 号

邮　　编 / 100081

电　　话 / （010）68914775（办公室）68944990（批销中心）68911084（读者服务部）

网　　址 / http：//www.bitpress.com.cn

经　　销 / 全国各地新华书店

排　　版 / 博士德

印　　刷 / 三河市华晨印务有限公司

开　　本 / 670 毫米 ×960 毫米　1/16

印　　张 / 19

字　　数 / 320 千字

版　　次 / 2012 年 1 月第 1 版　　2013 年 2 月第 2 次印刷　　责任校对 / 陈玉梅

定　　价 / 36.00 元　　　　　　　　　　　　　　　　　　　责任印制 / 边心超

图书出现印装质量问题，本社负责调换

前 言

> > > > > > > > > > > > > > > > >

人们都说"严父慈母"，爸爸在大多时候都扮演着一个严肃的、不苟言笑的角色，但是，很多时候，在教育上，爸爸这个角色却是最为理性的。

都说女人是感性的，男人是理性的。对于下一代的教育是需要融入大量情感的，女人的感性是一种方式，男人的理性也是一种方式。

因此，我们可以说：在教育上，妈妈是感性的，而爸爸是理性的。

理性的教育更容易让孩子有方向感，有明确的思想，这对于孩子的成长来说是十分有益的。

然而，在现代孩子的教育中，妈妈却似乎承担了主要角色，爸爸是一家之主，因为要为了生计而奔波，所以常常"忙"得没有时间去关心孩子的教育，更不要说去费尽心思地教育孩子。

德国著名儿童教育家卡尔·威特曾说："世界上没有不成功的孩子，只有不成功的父母。"

是的，教育的责任是父母双方的，妈妈有妈妈的功效，爸爸有爸爸的功用，双方在教育上产生摩擦的同时，还会相互促进，相互补足，给予孩子更好更优质的教育。

因此，请不要说你忙。正如美国第26任总统西奥多·罗斯福所说的："在儿子面前，我不是总统，而是父亲。"

也不要说社会上有一种专门的教育机构叫"学校"，花钱把孩子送入学校，那些名师、大教育家就要对孩子的人生负责，给你教出一个出色的孩子来！

正如德国著名教育家卡尔·威特所说的那样："我一向认为，如果教育得法，大多数孩子都会成为非凡的人才。我的儿子能有今天，都是我教育的结果。我知道人们不停怪罪其他教育家为什么不把孩子也教育成像卡尔那样的人，这种怪罪是不合理的。倘若家庭教育不好，多么优秀的教育家认真进行教育，也不会有好的效果。"

对于孩子的教育，爸爸是责无旁贷的，正如苏联著名教育实践家和理论家苏霍姆林斯基所说的："没有时间教育儿子，就意味着没有时间做人。"人的一生都在受教育，为人之父之后还要承担着教育者的角色，把下一代健康成长的担子担到自己的肩膀上来。

本书力在打造出十种类型的好爸爸，如健壮硬汉型、财富充裕型、榜样带头型、成熟稳重型、乐观坚强型、管放适度型、鼓励引导型、寓教于乐型、宽容亲和型、智慧灵活型等。

健壮硬汉型的好爸爸往往可以给孩子带来健康与活力，他们在珍惜自己的身体、打造自身健硕体魄的同时，也对孩子产生良好的影响，让孩子爱上运动，变得健康；财富充裕型的好爸爸可以给孩子提供丰厚的物质条件，让孩子的生活有保障，环境更优越；榜样带头型的好爸爸可以给孩子带来好习惯与好品质，在孩子面前做好表率，讲信用、做事认真、严格要求自己等行为都影响着孩子；成熟稳重型的好爸爸可以带给孩子温暖与关怀，推掉不必要的应酬，承担教育孩子的责任，让孩子时刻感受到父爱的温暖；乐观坚强型的好爸爸可以带给孩子意志与力量，培养孩子的自信心，保持乐观的心态以及坚强的意志，帮助孩子克服胆怯，快乐地成长；管放适度型的好爸爸可以带给孩子自信心与创造力，让孩子在宽严适度的教育中体验到刚强与柔弱，让孩子尽情去做自己想做的事情，让孩子去摸索，去磕碰，去失败，并且学会对自己的行为负责；鼓励引导型的好爸爸可以带给孩子动力与空间，在鼓励中让孩子满怀梦想，长远发展；寓教于乐型的好爸爸可以给孩子快乐与成功，让孩子在受教中培养兴趣与爱好，在玩游戏的过程中得到学习与成长；宽容亲和型的好爸爸可以带给孩子一份理解与包容，让孩子在自己严于律己、宽以待人的处世方式中受到教育，让孩子学会理解他人，包容他人；智慧灵活型的好爸爸可以给孩子高智商与好方法，让孩子在一些引导型的行为中受到启发，从而学会独立思考，变得更加聪明。

因此，好爸爸们必须了解的是：来自家庭的教育是十分微妙的，它可以是生活中的一举一动，一点一滴，这些都在悄无声息地渗透着下一代的思想、品性、习惯……孩子就是环境的产物，你给他什么样的环境，他就在什么样的环境中成长。因此，好爸爸们要尽心尽力为孩子营造一个良好的教育环境与成长环境，用自己的心灵与行为给孩子最好的教育。

目录

>>>>>>>>>>>>>>>>

第三章　榜样带头型好爸爸：给孩子好习惯与好品质

第四章　成熟稳重型好爸爸：给孩子温暖与关怀

第九章　宽容亲和型好爸爸：给孩子一份理解与包容

第十章　智慧灵活型好爸爸：给孩子高智商与好方法

第一章 健壮硬汉型好爸爸：
给孩子带来健康与活力

健康是一个人生存和赢得美好生活的根源，父母是孩子的第一任老师，爸爸的健康心态和体态直接影响孩子的身体基础。做一个好爸爸，首先要从做健壮硬汉型爸爸开始。

　　家是孩子心灵的港湾，爸爸就是支撑家里的天，孩子失落无依的时候，需要爸爸结实的臂膀给予安慰；孩子快乐嬉戏的时候，需要爸爸坚强的臂弯给予保护。健康强壮的爸爸，能给孩子打造一个安全、舒心的角落；健康强壮的爸爸，能帮孩子营造一个壮阔、美好的未来；健康强壮的爸爸，能给孩子带来更多的健康与活力！

第一节　好爸爸拥有健壮的身体

健康的价值，贵重无比。它是人类为了追求它而唯一值得付出时间、血汗、劳力、财富，甚至付出生命的东西。

——法国诗人蒙田

有一个人一生做了很多好事，在步入老年的时候，上帝为了奖励他的善行，特地给他三个礼物，让他从中选择一件，这三件礼物分别是财富、成功和健康。善人想了一会儿说："我还是选择健康吧！"上帝说："好吧，你选择了什么就让它跟你走吧。"奇怪的是，到家之后，不仅健康跟来了，财富和成功也一起进到他的家。善人很疑惑："为什么选择了健康，却来了三个？"

上帝说："善人，您明白了人生活的本质，当您拥有健康的时候，成功和财富一定也会光临的，而如果您只选择了财富和成功中任何一个，不重视自己的健康，慢慢三个都会逐渐消失的！"

好爸爸身体健壮如牛，像运动员一样，健壮的身体是养家的本钱。在孩子跌倒、失落、遇到困难时能够支撑起保护孩子的一片天。可在现实中很多爸爸的身体并不好,当孩子伸出需要的双手时,也只能是心有余而力不足。

身体就是一个小宇宙,充满了各种各样的秘密。"身体发肤,受之父母",身体非常重要,作为一个好爸爸,应该好好地爱惜自己的身体。那么,好爸爸要如何来进行身体的改造工程呢?答案无外乎是"饮食"与"运动"!

瘦爸爸在饮食方面,有不少人都存在挑食和偏食现象。因此,改掉不良的饮食习惯是好爸爸获得健康生活的第一步。对于瘦爸爸来说,增重的任务是最重要的。传统的高热量、高蛋白质的饮食能够很快的增加体重。但是要想健康增肥的话,还应该坚持少量多餐,多吃水果、蔬菜的饮食习惯。

日常生活中更要选择那些健康的零食,如花生、奶糖等,喝完啤酒再喝点果汁也是不错的主意。这样,多余的能量就可以转化为脂肪储存于皮下,使瘦弱者体态健壮起来。很多瘦爸爸强壮不起来的原因是肠胃功能不好,这时可以多吃一些容易消化的食物,鱼类就是比较理想的食品。

让瘦爸爸加强"有氧运动"是促进能量消耗的,而"重量训练"则是用来增加肌肉比例的。

很多的研究实践证明,身材比较瘦的人不能做强度太大的训练,一般以心率每分钟130~160次之间的运动量为宜;其次对运动器械的要求也是不能偏重,最好以最大肌力在50%~80%为宜;运动时间要保证每周在三天以上,要持之以恒;每次的动作要尽量舒缓、到位。

哑铃、杠铃等都是训练肌肉比较好的器械,但要注意训练时要同时配合大肌肉群的完全收缩与放松,逐渐达到肌肉的塑造。大肌肉群就是胸肌、腹肌、背肌等。经由重量训练与饮食补充,可使大肌肉群成长,相对地便会累积一些体重。

安排一个合理的锻炼计划表,再付诸实践,加上合理的饮食,相信三个月左右的时间,就能让瘦爸爸的体重明显增加,肌肉也显著增多,精力也更加充沛。

给好爸爸的悄悄话

要想做一个强壮结实的好爸爸，除了在饮食和运动两方面迅速增重，塑造自己的好身体外，疾病、睡眠、心理健康和坚持不懈的意志力也是必不可少的。

（1）体瘦的爸爸要先到医院排除是否因甲亢、肾病、肝病以及肿瘤等多种慢性病引起。这些疾病的产生都容易造成内分泌系统的失调，加速热量的消耗。

（2）增重的过程中，瘦爸爸应保持充足而良好的睡眠。人在睡眠充足的情况下，脑垂体能分泌更多有益身体健康的激素，一方面帮助胃口更好，一方面能够放松瘦爸爸的身体。

（3）瘦爸爸应该注意个人的心理健康。工作中的紧张和压力、生活中一些小事的想不开、超出人体负荷的"疯狂"工作等，都会使人愈加消瘦。要想身体好，先要保持良好的心情。舒畅的心态、和谐的生活状态对增重很有帮助。

（4）瘦爸爸要使体型由瘦弱变健壮，不是一两天、一两个月的事，抱着"三分钟热度"和"临时抱佛脚"态度的爸爸是一定不会成功的。只有坚定必胜的信心，做好吃苦的准备，以饱满的情绪积极进行坚持不懈的锻炼，才能获得最后的成功。

第二节　好爸爸要珍惜身体，经常锻炼

锻炼身体要经常，要坚持。人同机器一样，经常运动才能不生锈。

——"中国红军之父"朱德

北风呼呼地吹，寒冷的冬天，下起了鹅毛大雪，湖面上结了一层厚厚的冰。很多小动物一大早起来溜冰，还有很多小动物在森林里滑雪玩。后来小鸡、熊猫发现只有小猪没有来，于是他们决定去找小猪。

小鸡和小熊隔着窗户往里看，原来小猪在屋里面睡觉！"小猪，小猪，快起床吧，和我们一起去锻炼身体！"小熊说。小猪把头躲在被窝里说："不，我才不出去呢，外面太冷了，还下着大雪，我还是睡觉吧！"小鸡说："小猪，你走出来看看，一点也不冷，其实没有你想象的那么冷！"小猪慢悠悠地起床，穿上厚厚的棉衣，走了出去。咦！外面真的没有想象的那么冷。

小猪跟朋友们学习溜冰，不过一会儿，岂止不冷，还感觉浑身发热呢！从此，小猪也爱上了锻炼身体。

爸爸是家中的顶梁柱，是孩子的坚实靠山和后盾。跟孩子玩耍嬉戏时，爸爸需要好身体来调动孩子的积极性；孩子发烧生病时，爸爸需要好身体给孩子最及时的治疗。爸爸强健的体魄和厚实的肩膀，不仅给孩子一个富有安全感的怀抱，同时也带给孩子更多的健康与活力。

相对于母子间的游戏，父亲和孩子之间的游戏更加富于挑战和刺激，因为父子之间的游戏更偏重于体力游戏。相信很多人有过在爸爸背上骑大马、坐飞机的经验，有的爸爸还可以只手让孩子悬在空中，可以说，没有跟孩子一起享受过这些游戏的爸爸，不能算是一个好爸爸。

爸爸是孩子在出生后所接触到的区别于妈妈的第一个异性，是给孩子初步树立性别意识的关键人物。爸爸相较于母亲的温柔、婉约，更多的则是刚健、强壮，给人安全感。让宝宝有了对男人的认识。热爱锻炼、喜好运动的爸爸更能鲜明地向孩子展现属于男性特有的魅力和特征。而孩子在幼儿园和小学教育中又受到绝大多数女性老师的教育，如果没有一个健壮硬汉型的好爸爸，男孩子则极容易出现女性化倾向。很多专家在近年来也指出这一问题的严重性，许多学校甚至要专门对男孩儿进行"刚性"教育。

然而在城市中有很多的白领爸爸，他们每天朝九晚五地上班，在电脑面前一坐就是四五个小时，自己也在这种极规律的环境中越变越懒，身体在30岁左右就开始走下坡路。再加上强烈的工作压力，密切的人际关系，使近年来男性的寿命也呈下降趋势。如果想做一个合格的好爸爸，第一就是要坚持锻炼，珍惜自己的身体，有一个强健的体魄。

科学家建议每周不能少于3个小时的有氧运动。奉劝周末还在加班的爸爸们，不要因为一点可怜的加班费，使原本充足的锻炼时间再被无情地抹去。如果周末要进行锻炼，早上可以先锻炼再吃饭。而且锻炼完毕后，也不要吃太多的饭，可以在第二天适当增加饭量。双休日的时候，可以少看一会儿电视，少上一会儿网，少睡一会儿懒觉，跟孩子和家里的小狗狗实实在在地在大草坪上玩闹嬉戏是最好不过的选择了。

锻炼一定要选择室外，并且在阳光充足的时候。室内的跑步机过于平稳，膝盖长时间机械活动更容易拉伤，健身房空气密闭，不能给体内输送新鲜的氧气，锻炼多了也无益。户外的氧气和风更有助于身体健康。

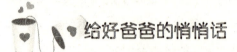 ## 给好爸爸的悄悄话

　　长跑、太极拳、游泳、踢足球、羽毛球、网球都是适合爸爸锻炼的方式。在锻炼时要注意以下几个问题：

　　（1）**人体是有一定的生理周期的**。有时人们会情绪低落，有时又会情绪高涨。这是生物钟在调节着我们的身体与情感。经研究证明，在身体情绪达到高潮的时候进行锻炼更有助于发挥锻炼效果，使锻炼的过程更加轻松协调。

　　（2）**晚上更适合锻炼身体**。在晚上，人体的皮质醇和促甲状腺激素水平更高，这些激素更能加速消耗脂肪和加快新陈代谢。

　　（3）**锻炼要持之以恒**。纵使很多爸爸总会不停地制定锻炼时间表，也懂得了很多关于锻炼时间和程度的知识，但仍然有头无尾，坚持不了几天，前功尽弃。一般爸爸是不爱赖床的，但是如果前一天晚上，爸爸熬夜看球赛的话可就说不准了，原本早上要跑步，结果又找出很多理由搪塞过去了。所以锻炼的关键是保证高质量、足够时间的睡眠。一般以晚上九点到早五点为宜。只要睡眠质量和时间能够保证，相信爸爸还是会积极地投入有益身体的锻炼事业中去的。

　　（4）**饮食以少量而营养为前提**。经常锻炼的爸爸，每天要补充适量的鸡蛋、牛奶、淀粉、谷物和水果蔬菜等。坚持锻炼的爸爸自然会换得好的身形，没必要在意自己的体重是否过胖而刻意减少食量。

第三节　好爸爸常带孩子一起运动

运动是一切生命的源泉。

——意大利画家达·芬奇

在非洲大草原上，每当太阳升起的时候，动物们就要开始奔跑了。狮子妈妈总会这样告诉自己的孩子："孩子，你必须跑得快一点，再快一点，你要是跑不过最慢的羚羊，你就会活活饿死。"

在另一个地方，羚羊也总是这样教育自己的孩子："孩子，你必须跑得快一点，再快一点，如果你不能超过跑得最快的狮子，你就会被他们吃掉啊！"

对于狮子来说，如果赶不上最慢的羚羊，就会饿死。而对于羚羊，如果跑不过最快的狮子，就会被吃掉。生命不息，运动不止。

在我们的人类社会中，每个人出生时，都是一样的，但是随着接受教育方式和环境的改变，有的人变成了狮子，有的人变成了羚羊，然后在优胜劣汰的自然法则中接受各种挑战。人不可能有永远安逸享乐的人生，好爸爸应该教育孩子运动和锻炼的技能，而不是只提供饭菜和住处。

合理的运动锻炼能够帮助孩子的身体更好地发育，增强体质，显示出孩子旺盛的生命力，呈现天真活泼的精神状态。除此之外，人体器官的每一块肌肉，在大脑皮层中都有相应的"反射区"，孩子的早期锻炼越丰富，大脑就越能得到有益的刺激，可以有效地提高孩子的智力水平，充满自信和较强的自我意识和控制能力。热爱运动还可以让孩子开阔自己的眼界，树立在同伴中的威信，形成积极的心态，勇于迎接挑战和困难。由运动辐射到智力和心理健康等多方面的共同提高，是孩子在社会中赢得尊重、获得胜利的关键因素。热爱运动对孩子的一生富有重要的价值，是其他任何方面的教育都不可替代的。

陪孩子多做运动，并不是让孩子跟运动员一样，要求严肃的氛围和动作。枯燥的训练只能让孩子对锻炼越来越没有兴趣，让运动锻炼"游戏化"才能引起孩子的兴趣，爱上运动。所以好爸爸要积极配合孩子的想法，营造轻松的游戏氛围，编造具有吸引力的小故事，充分调动孩子的积极性，全家一起投入快乐的游戏运动中，其乐融融，不仅能让孩子的身体更健康，还提高了孩子的情商。生活中很多运动、游戏、家务场合，好爸爸都可以让孩子参与或者独立尝试，要给孩子多锻炼的机会，尤其是眼、手的协调，不要怕孩子做得不好。

如果孩子做错了，在一旁的爸爸千万不要呵斥孩子。应该先肯定孩子的勇气，再细心地告诉孩子正确的做法。耐心的爸爸会这样说："我们家的宝宝真勇敢，都摔倒了也不怕，比爸爸小时候强多了。只是下次做的时候，再努力跳得高一点就更好了！"如果直接的强迫和刺激只能适得其反。要扬长避短，善于观察孩子的心理状态。

好爸爸还要掌握好运动量和时间。要循序渐进、由少到多、由简入繁、由易至难，兼顾多种运动项目，让孩子的身体得到全方位的锻炼和巩固。孩子的身体素质和现状也不同，对于身体状况不太好的孩子，爸爸一定不要苛求孩子过量做运动。

给好爸爸的悄悄话

好爸爸不仅要明白运动对于孩子的重要性，还要从正确的健康观念、运动的营养补充、运动方式和安全防护四方面为孩子赢得好的成长环境，为孩子的运动安全护航。

（1）要明白什么是真正的健康。很多爸爸认为孩子不生病就是表明身体状况很好，不需要刻意地进行五花八门的运动，自己出去运动也懒得让孩子一起去。其实这是非常错误的想法。运动体能包括身体基本活动和身体素质两个方面，是人在身体活动时表现出来的综合能力。运动体能的锻炼是为了促进人体形态结构更加合理、生理机能更加协调发展。单纯的不生病的孩子身心更加强大。如果孩子暂时不生病就可以不让孩子多运动，那么长期下去，身体会因为得不到好的促进而呈现病态。

（2）运动方式很重要。跳绳，能锻炼孩子的耐心，提高肺活量；单腿跳，能锻炼孩子的韧带活力，提高柔韧性；踢足球、拍皮球，可以提高孩子的肢体协调性，让孩子眼明手快，四肢灵活；游泳，能增长孩子的生存技能，让孩子更加自信；跑步、骑车，能锻炼孩子的速度，提高身体的灵敏性。还有跳舞、荡秋千等都是适合孩子的运动项目。

（3）做好孩子运动时的安全防护。针对孩子运动中的意外伤害，要以家长的主动预防为主，就是说，家长要有孩子在运动中所遇伤害的预见能力，并及时为孩子排除不利因素。

针对不同的运动方式要注意教给孩子不同的运动方法和注意事项，爸爸要尽量帮助和督促孩子独立完成，但要保证孩子的安全，跟孩子保持在安全的范围之内。

（4）注重孩子的营养补充。荤素搭配，每天补充适量的奶类、蛋类、碳水化合物以及多种维生素。周末随着运动量的增加可以适量增加能量配合孩子运动所需。

第四节　好爸爸内心阳光健康

　　从锻炼成健康的身体中来锻炼出健康的精神，这是做一切工作所必遵循的一条辩证唯物主义的准则。

　　——中国美学家、文艺理论家、教育家、翻译家朱光潜

　　在古代的一个村子里，有一个老婆婆，她有两个女儿。大女儿是卖雨伞的，小女儿是卖扇子的。晴天时老婆婆的心情不好，她总想：大女儿的雨伞卖不出去了。阴天时老婆婆的心情也不好，她会想：二女儿的扇子卖不出去了。直到遇见一个智者，智者见她愁眉苦脸，问清原因后告诉她："你为何不反过来想一想呢？晴天时你二女儿的扇子就好卖了，而阴天时你大女儿的雨伞就好卖了。"听了智者的话后，老婆婆豁然开朗。

　　面对生活，人们有时不是缺少好的方法，而是缺少健康、阳光的心态。健康的心理帮助人们渡过困难，获得成功。

　　在孩子成长早期，爸爸在培养孩子的兴趣、开发孩子的智力、运动能力方面都比妈妈更有优势。如果爸爸跟孩子之间的交流正确、频繁，对孩子的心理塑造就非常有利。果断、自信、坚强、独立、敢于冒险、探索未知等都是男性的

个性特征，是大部分妈妈很难做到的方面。研究表明：跟爸爸一周内接触超过15个小时的男孩儿，比平均一周内接触少于10个小时的男孩更会维护和发展自己的人际关系，形成果断、干练、开放的处事方式，富有探险精神。而跟爸爸接触比较多的女孩子，也会有另一方面的个性特征：温柔、乖巧，像个小淑女。

心理健康的好爸爸能给整个家庭带来健康、轻松、良性的生活氛围。与内心稳定的爸爸生活在一起，孩子耳濡目染的都是正面、积极的工作、学习状态。相反，同心理有问题的爸爸在一起，孩子更容易变得颓废、消极、易怒、欺负弱者、破坏物品，养成不良的生活习惯。而且，根据美国研究院的一项报告说，母亲心理不健康的家庭中，孩子出现心理疾病的概率远远低于父亲心理不健康的家庭。也就是说，爸爸的心理问题对孩子的身心影响最大。爸爸的心理问题不容忽视，俗话说"有其父，必有其子"，就是这个道理。

心理阳光健康的好爸爸不仅要关注自己的心理状态，还要及时修正孩子在学习、生活中的错误表现，引导孩子正确的思维习惯，在遇到困难、得到奖赏等种种不同的情况下，树立孩子正确的是非观。孩子犯小错误的时候，好爸爸不要认为"恶小可为之"，而是要端正自己的态度，从小处为孩子把关；如果孩子犯了比较大的错误，而且是原则的错误，好爸爸也不能暴跳如雷，这样不仅起不到说教的作用，还容易激起孩子的叛逆心理，要让孩子明白自己错在哪里，给孩子重新做一次的机会。健康的教育方法，才能培养出健康的孩子。

好爸爸平常多看一些有益心灵的书籍，多做运动，听听音乐会都是培养健康心灵的好方法。

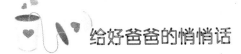
给好爸爸的悄悄话

父母是孩子的一面镜子，给孩子好的形象和习惯，就要首先注意自己的行为，不要给孩子制造精神垃圾，影响孩子的身心成长。好爸爸要加强自身的修养，减少精神垃圾的产生。

（1）**不要对孩子说粗俗的语言。**孩子的教育离不开父母的言传身教，语言对孩子的影响最为深刻。但是有些爸爸在不自觉当中流露出的粗俗言语，比如对妻子的恶语相向，对孩子的骂不绝口，都是毒害自己和毒害孩子心灵的源头。

（2）**暴躁的脾气不利于孩子的成长。**很多爸爸脾气乖戾，遇事便暴跳如雷，殊不知，孩子是你脾气背后最大的受害者。孩子的坏性格往往是从你那里传下来的。

（3）**不良嗜好对孩子的影响极大。**吸烟的爸爸，其孩子吸烟的概率要比爸爸不吸烟的孩子大4倍以上。酗酒和赌博更加是这样。孩子生活在烟鬼、赌徒的旁边，品格、学习力都会受到很大的影响。

（4）**好爸爸不撒谎、吹牛。**男性与生俱来的好强心理在作怪，常常不计后果地说些吹牛和夸大的话，殊不知你的话语孩子都听在心里。如果不及时纠正这些行为，有一天孩子对你说谎的时候，你该怎么教育他呢？

第五节　好爸爸干净整洁

一个理发师脸刮得不干净，另一个理发师就能找到活干。

——英国军事理论家托富勒

朋友的孩子三岁多了，近来朋友经常说，一个小女孩一点也不爱干净，擤了鼻涕的纸乱丢，在外边玩随便坐、躺，干净的衣服一会儿就脏！

相信很多爸爸也有面临这样不爱干净的孩子，不过在感叹父母不易的时候，是不是也应该反思一下，孩子从出生到幼儿，所做的一切都是从外界学来的结果，怎么会养成这样的习惯的呢？

贝贝爸爸也有这样的困扰，因为贝贝妈妈不在家，爸爸要管理儿子的吃喝拉撒，最让爸爸头疼的就是洗孩子的衣物和整理房间。

生活中这样的情况比比皆是。好爸爸不要一味地埋怨，难道孩子天生就会乱扔，不爱干净么？仔细想想，一定是自己给孩子进行了错误的引导。作为一个爸爸，你把自己和家里打理干净整洁了么？在人际交流、找工作甚至谈恋爱的很多重要行为中，干净整洁的形象对孩子是非常重要的。所以好爸爸一定要从自身做起，并且努力培养孩子爱干净、讲卫生的好习惯。

干净整洁的爸爸会在穿衣打扮方面更加注重。这里的"打扮"，并不是像女性那样化妆，而是保证自己的衣物和身体都是整洁无污的。这样的爸爸在工作中，表现了一种对生活的热爱，对他人的尊重。衣领是暴露在外面的部分，汗水和脖子的污垢容易使其很难清洗，好爸爸一定要着重注意。还有衣袖和衫尾也是容易藏污纳垢的地方，穿着这样的衣物出去，常常也会给人邋遢、不爱整洁的形象。

俗话说：看一个人的身份首先要看他的鞋子。好爸爸不需要买名牌鞋子来提升自己的品位，但是一定要保证，每双鞋子都干净且不变形，尤其是爸爸的鞋尖干净与否直接反映了他是否是一个真正爱干净和细心的人。

好爸爸的指甲和胡子也是不可忽视的方面。很多爸爸由于工作忙碌，常常不会介意自己的指甲较长，还有爱抽烟的爸爸，发黄的指甲不及时清理，也会给孩子一种错误的引导。现在的爸爸留胡子的很少，但是胡楂的清理却很少有人在意，尤其是跟孩子亲近的时候，一定要注意自己的面部和胡楂是否干净整洁。

干净整洁的爸爸，也会言传身教给孩子一种好的行为习惯，不给孩子邋遢的印象，他（她）自然只会学习到"干净"的生活习惯。而且，在养育孩子的过程中，好爸爸会主动给孩子洗澡、整理房间、清洗衣物。并且，像洗袜子、洗手绢、扫地、整理书包这些简单的家务，好爸爸要尝试教给孩子自己去打理，帮助孩子养成勤劳、卫生的好习惯。

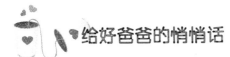

给好爸爸的悄悄话

很多爸爸认为，一个男人的内涵最重要，不需要注重自己的外表。可是，一个好的爸爸会知道，我们谨慎对待自己言行的时候，实际上是对孩子最好的教育过程。一个整洁、干净清新的爸爸，会更容易得到孩子的亲近和爱戴。

（1）**爸爸也需要护肤。**人的皮肤要经受自然的老化和每天的风吹日晒，爸爸一定不要觉得护肤是专属于女人的权利。你也可以拥有洗面奶、护肤水、剃须膏等护肤品。爸爸护肤最重要的就是保持清洁，每天洗脸用30~40℃左右的温水，涂一些洗面奶，轻柔地按摩，一分钟后用清水洗净，不仅脸部得到彻底地清洗，人也会更有精神。

（2）**好爸爸要学会正确的剃须方法。**剃须的工作最好选择在早晨，因为此时面部的肌肤处于比较松弛的状态。选择刺激性较小、品质过硬的剃须刀和剃须膏，洗净脸部后，按鬓角、脸颊、脖子、嘴唇的顺序逐步刮剃。之后先用温水洗脸，再用凉水清洗一遍，有利于毛孔的收缩。用手和镊子乱拔胡须，极容易引起毛囊炎，入侵的细菌会引发皮肤和毛孔的很多疾病。

（3）**好爸爸不要汗臭味。**正常的人都会有一些生理上的气味，但长时间不洗澡和特殊工作引起的气味会很让人反感。要摆脱"特殊气味"，好爸爸可以选用优质的沐浴露和清淡的香水增加自己的体香。细菌和汗液是引发"汗臭"的源头，清凉润肤的沐浴露是最佳的选择。运动型、富有活力的叶香味香水，也是给好爸爸的不错选择。

第六节　一起去游泳，做孩子的保护神

在孩提时期，我不能想象还有什么需要比父亲的保护更强烈。

——奥地利精神病医生及精神分析学家弗洛伊德

救护车赶到时，小明已经停止了呼吸，他的妈妈瘫坐在地上，无力再呼唤没有呼吸的儿子……

小明是和几个朋友相约在暑假去游泳的，可是几个同学年龄都比较小，又是在没有任何保护措施的河里，导致小明抽筋时没有被及时的救助，由于溺水时间过长导致死亡。

据最新数据表明：我国每年一到四岁的儿童因溺水死亡的就占34.5万人，排在各种死亡事故的第三位。中学生平均每天约有40多人溺水，小学生因为溺水死亡的人数更是占到了死亡学生总数的七成以上。尤其是暑假游泳导致孩子溺水死亡的事情屡屡出现，除了相关部门要引起重视、做好防护工作外，孩子的父母要做孩子坚实的保护伞。

毋庸置疑，游泳对于孩子的身心健康是非常有益的。适

合各种年龄段的孩子，在游泳中，孩子的协调性、耐性都可以得到很好的锻炼，不仅对身体的正常发育有利，还可以塑造健壮优美的身形。由于溺水对孩子身体造成的伤害，一定要从好爸爸这里杜绝发生。德国HAWE国际贸易有限公司总经理叶江说过："和母亲相比，父亲在照料孩子方面付出的实在太少了，没什么可自豪的。如果在教育上还不多付出一些，就太说不过去了。"

好爸爸保证孩子的游泳安全首先要教给孩子正确的游泳方法，让孩子按照以下步骤逐步学会游泳的基本常识。

（1）让孩子学会游泳时的呼吸。可以先在脸盆里练习憋气—吐气—吸气，学会用嘴来做这些动作，要掌握的要领是在水里将气息吐尽后，抬头猛吸一口气再次闷到水里。

（2）在浴盆或泳池里学习手脚配合，将游泳的正确姿势做到位。

（3）让孩子从一小段距离开始逐步加长路程，前提是爸爸要在孩子附近一米处保护。对于刚学游泳的小孩子来说，这样的保护可以给孩子更多的安全感，学起来也比较快。

（4）游泳圈要适时使用。适应水里的节奏和环境对于学习游泳非常重要，戴着游泳圈等于是给这个适应的过程多了一道屏障，阻碍孩子快速地适应和学会游泳。

（5）在游泳池中，可以给孩子戴上泳镜。让那个孩子习惯在水下睁开眼睛。对于克服怕水的心理很有帮助。

好爸爸要注意，千万不要让孩子在空腹和过饱的情况下游泳。空腹的情况下会让孩子由于血糖降低而导致休克；过饱的情况下游泳会严重损害肠胃的消化功能。

运动前的准备工作也很重要，最主要的就是全身的筋骨、关节都要活动开；下水之前先把身体打湿，可以快速地适应水温；上岸后，要及时用干净的水冲洗孩子的身体，以免污染物对皮肤造成不适。

游泳的时间也要适中，即使孩子的水性很好，也不要让他长时间独立游泳。对于刚开始学习游泳的孩子，更要控制在较小的运动量范围内。

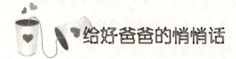 给好爸爸的悄悄话

在游泳的过程中，孩子由于控制力和力量的原因出现一些紧急问题是在所难免的，好爸爸要多补充一些游泳急救的小常识，这对孩子的安全保护是非常必要的。

（1）当孩子耳鼻进水时，爸爸要先将孩子的头歪向进水的一侧，拉动耳垂，用同侧的腿进行单腿跳，这时爸爸要用手心对准孩子的耳道，用手把孩子的耳朵堵严，如果是孩子的左耳进了水，就把他的头歪向左边；如果是孩子的右耳进了水，就把他的头歪向右边。最后快速地离开手，水就会被吸出了；如果水源不是很清洁，最好用消毒棉签送入耳道内将水吸出。

（2）当孩子出现胸痛时，可能是孩子不能适应水中的压力导致的。爸爸应带孩子立即上岸，喝一些热饮，用力压几下孩子的胸口。

（3）当孩子抽筋时，可能是因为水温不适造成的肌肉痉挛。爸爸要帮助孩子把抽筋的腿伸直，用力将脚趾拉开。如果孩子经常抽筋，爸爸要在孩子的饮食中多添加一些富含钙和氨基酸的食品，必要时补充一些维生素E。

（4）当孩子头晕时，主要还是由于不熟悉水性的原因造成的。爸爸要让孩子及时到岸边休息一会儿，每次下水的时间不要过长，做些低强度的活动，缓解孩子紧张的情绪。

第七节 一起去爬山，牵着孩子的手

父爱如伞，为你遮风挡雨；父爱如雨，为你濯洗心灵；父爱如路，伴你走完人生。

——中国作家申宝峰

著名歌手韩红唱的《天亮了》这首歌听来感人至深，其实背后有一个令无数人都震惊、伤感的故事。韩红的养子——潘子灏，是一个生命曾经失而复得的男孩儿。1999年，他跟自己的父母去贵州一处山上坐缆车游玩，却不慎因为事故使上面的14个大人全部命丧黄泉。而潘子灏却奇迹般的生还了！因为他的爸爸妈妈在生命的最后一刻，高高举起年幼的孩子，让他有了一次生还的机会！

亲情的力量是伟大的，在看到一幕幕人间悲剧的时候，我们总能在父亲、母亲的脸上看到对自己孩子的怜惜之情！在汶川大地震的时候，一位被压在石块下的母亲在奄奄一息时，还在为自己的孩子哺育着甘甜的乳汁！好爸爸是家里的顶梁柱，带孩子出行、爬山，一定要仔细甄别环境、设施，保护好孩子的安全!

其实,在生活中,好爸爸经常跟孩子一起安排登山的活动对孩子身心发育是非常有好处的。既能调节孩子疲劳的学习生活,缓解平日紧张的神经,开阔孩子的视野,还能在登山的过程当中,培养孩子战胜困难的品质,增强孩子的耐心和意志力。

在空气清新、阳光明媚的天气里,陪孩子多登山游玩还可以调节孩子的心肺、呼吸功能,增强抗病能力,爬山运动可以提高毛细血管的功能,代替大血管功能,从而降低了心脏病的几率。登山的动作还可以锻炼孩子腰部、腿部的力量,提高肌肉韧性。

爬山是最好的有氧运动,使肌肉获得比平常高出10倍的氧气,有利于身体排除更多的废物,吸收更多的能量,在促进新陈代谢的同时,还可以加快脂肪消耗,因此爬山还有强大的塑形功能。尤其对于偏胖和不爱运动的孩子最为适合。好爸爸可以专门为自己的孩子选择好爬山路线、乘车路线。

好爸爸在孩子登山前,别忘了做好准备工作。登山前,好爸爸给孩子准备好宽松的裤子,不要选择含挂钩等赘物较多的衣服。舒服的鞋、太阳帽和一些高热量的食物。比如,压缩饼干、巧克力、运动饮料、话梅糖、蛋糕都可以。带上毛巾、纸巾以及创可贴等以备不时之需。

还有很重要的一点是,一定要跟孩子讲明白,无论任何时候都不要单独行动,要在爸爸附近行走,但每一步都走踏实,有困难尽量自己克服,欣赏沿途的风景。适当的时候,好爸爸要拉着孩子的手,引导孩子体会爬山的乐趣,教给孩子丰富的爬山知识。

爬山的要领也是好爸爸不能忽略的,上山时,要告诉孩子步子可以适当地小一些,落脚点低一些,坡度越陡,身体前倾的幅度越大,以保证身体的平衡;下山时,即使坡度很小也不要快速向下跑,以免由于身体的惯性受到伤害。

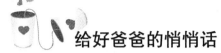 **给好爸爸的悄悄话**

爬山的好处是非常多的，但为了孩子在正常的锻炼中不受到意外事故的伤害，好爸爸还是要多了解一些登山的知识，做好孩子的保护伞。

（1）**不要让孩子在爬山的同时四处看风景。**每爬一段，让孩子适当休息一会儿，这时再让孩子欣赏周围的风景。边走边看很容易扭伤脚腕，甚至是出现意外。

（2）**陪孩子登山最好选择在初秋。**初秋时节，空气清爽、景色宜人，最适合登高观景。春天风沙较大，夏天天气炎热紫外线过强，冬天孩子的手容易冻伤，所以好爸爸，一定要选择好的天气带孩子去爬山。

（3）**刚开始登山时，好爸爸不要选择太高的山。**对于年幼的孩子来说，体力和耐力并不能像爸爸一样，但是爬到半路折回又会影响心情，所以，最好就近找一处孩子也能爬到山顶的小山，让孩子体会成功的乐趣。

（4）**跟孩子合影留念一定要注意地点。**崖边的景色固然美丽，却也是事故高发的地方，千万不要贪图一时的兴起，让孩子承担危险隐患。在相对安全的地方拍照，好爸爸一定要看好地形。

（5）**乘坐缆车要细分辨。**现在国内大部分对外开放的山顶都会有缆车接送。对于劳累的游客来说，不失为一个节省精力和时间的好办法。但是，好爸爸在带孩子乘坐缆车前一定要确定此旅游单位设施是正规、安全的，而且缆车在固定的时间会进行维修和安检。

第八节　每年和孩子长途旅行一次

和母亲相比，父亲更多时候是力量的象征——好动、勇敢、眼界开阔，女儿受了这些影响，就会有更开阔的人生。

——中央电视台文化专题部《人物》栏目主编吕建伟

著名的曼斯费尔德城俱乐部，每天都有成百上千人在里面的足球场里挥汗如雨，排解压力，即使有些摩擦和碰撞也不会有人挑衅打架，恶意中伤。因为在这里的球迷们有共同的语言，甚至共同的生活状态，而他们来到这里的原因，就是想暂时忘掉过去的压抑和不快，发泄心中的苦闷，再以饱满的心态迎接未来的生活。

但是一直以来有个很有趣的现象，几乎八成以上的球迷都是由他们的爸爸带来的，他们有的来自欧洲、大洋洲，甚至亚洲，而来这里也就只是看一场球，打几场球这么简单。在这里，爸爸和孩子之间，找到了没有任何代沟的沟通方式，而且这种经历影响了他们的一生。

好爸爸与孩子间拥有良好的父子（父女）关系，可以有效增强亲子间的沟通，也就能及时地掌握孩子的身体及心理状态。很多爸爸苦于找不到跟孩子很好相处的方式，因为随着孩子年龄的增大，玩具、衣服已经不能满足孩子的兴趣了。尤其在现在的社会，孩子从小学就不断地承受着各种各样的压力，爸爸也是身处快节奏的工作当中，如何找到一种能够让爸爸和孩子引起共鸣的活动呢？很简单，带孩子做一次长途旅行吧！可以到一个跟现在生活环境不同的城市，或者陪孩子看一场他崇拜的运动员的球赛，都是不错的选择。好爸爸跟孩子一起参与远途活动可以极大地舒缓孩子的学习压力。

在物质生活不断充裕的今天，家长和孩子之间的精神互动在悄然流逝，长途旅行一次，你们会感受到更多。长途旅行是孩子开阔眼界最好的方式，陌生的地点，眼前是从未见过的景色和从未接触的人，让孩子突然明白原来世界并不只是原来生活的那个小圈子，相较于之前的斤斤计较和所谓的压力，一切又算得了什么呢？不要指望在家里的说教就能培养孩子宽容、开阔的心境，走出去，一切教育问题和心理问题都会很容易地被解决掉。

远行的另一个好处是能增强自己的沟通能力，无论是好爸爸还是孩子，在一次长途旅行中都能够增长自己的沟通能力、生存能力，懂得与人分享，给予帮助。

在长途旅行中，一定要带着相机，或美好或艰难的回忆都是孩子人生当中一笔宝贵的财富！

给好爸爸的悄悄话

好爸爸如果确定了要带孩子做一次长途旅行，一定要明白这不是一次一般意义上的远行，路线、乘车、吃住、安全都要为孩子考虑周全。

（1）**去适合孩子去的地方**。跟孩子旅行，一般不要去闹市、繁华街巷之类的地方，偏重选择海滩或者有山有水的地方，这些地方有益身心，陶冶情趣。孩子的意见也很重要，在孩子非常想去的地方做一些停留，让孩子主动沉迷其中，旅行的效果会更好。行程计划也可以随时根据天气、气候和兴趣做些改变。路途中也不要因为着急赶路而匆忙、慌张，边走边玩是最好的旅游方式，让愉快和游玩贯穿整个旅行。

（2）**根据情况选择自驾游或组团游**。如果有条件的话，自驾游当然是便捷、省时的一种方式，但是爸爸要操很多心，还要开车，非常辛苦。出行距离太长的话最好还是选择公共交通工具。研究好省时、省钱的乘车方案。

（3）**根据车程给孩子带好必要的水和食物**。水果是必不可少的，饼干、蛋糕之类食物适量带一些。晕车药、创可贴也要带些，以备不时之需。孩子喜欢的小玩意也是必不可少的，增加旅途中的情趣，以免让孩子情绪低落、感到失望。

（4）**一定要注意孩子的安全**。最好给孩子穿颜色鲜艳的外衣或者戴鲜艳的帽子，人多的时候要牵着孩子的手，给孩子一些零钱，让孩子记住自己和家人的电话。告诉孩子万一走失怎么去寻求帮助。

（5）**避开旅行高峰时间**。高峰期人流量大，如果跟孩子外出，最好不要选择在黄金周和长假日，以保证旅途的质量和孩子的安全。

第二章　财富充裕型好爸爸：
给孩子提供最需要的物质

好爸爸给孩子一笔金钱上的财富，让孩子在爱的摇篮里茁壮成长；好爸爸给孩子一笔精神上的财富，让孩子明白做人的道理，在成功的路上驰骋飞扬！

　　没有财富的爸爸，等于让孩子最先输在了人生的起跑线上，看着孩子需要和渴求的眼光，爸爸只能心有余而力不足；有财富的爸爸，会坐看孩子一点一滴地长大，在孩子每一次需要的时候都能伸出双手，帮孩子迎接新的阳光！

　　好爸爸是孩子最大的财富，如果你想做一个好爸爸，努力拓展自己的事业，积累自己身心的财富吧，给孩子提供最需要的物质，给孩子最好的童年时光！

● 第一节　好爸爸事业上要有所成就

如果你们，年轻的人们，真正希望过"很宽阔，很美好的生活"，就创造它吧，和那些正在英勇地建立空前未有的、宏伟的事业的人携手去工作吧。

——苏联作家高尔基

吾甫尔江是一个自幼失去父母、跟着爷爷奶奶生活的孩子，在亲戚朋友们的帮助下长大。这样的经历让吾甫尔江更加能体会到孤儿的寂寞与痛苦，懂得了一个温暖、富裕的家庭对一个孩子的成长是多么的重要。

一次偶然的机会，吾甫尔江收养了一个被父母遗弃、学习成绩非常出色的小女孩，并且立志要把这个小女孩健康地抚养长大。带着这种动力，吾甫尔江觉得生活有了新的方向，工作也更加有劲头。后来他有陆续收养了18个有类似经历的孩子，但是抚养这么多孩子的资金要怎么筹集呢？

最后吾甫尔江夫妇决定买客车跑客运来挣钱，幸运的是，上级领导考虑到他们是出于公益目的，对他的事业都很支持，成功申请到了新源县——特克斯县、新源县——伊宁县两条客运线路。

经过不断地努力，吾甫尔江终于取得了成功，他跑的车就是现在著名的宇通客车。他还在车身喷绘上"为孩子的未来而奋斗"的彩色字体，每当载着孩子上学和游玩，他都感受到了莫大的欣慰与光荣。

好爸爸为孩子的未来而奋斗，在事业上要有所成就。

社会中并不是每个人都有毅力做一项伟大的公益事业，最迫切的需求是，我们要把自己的孩子照顾好。尤其是作为家里的父亲，更应该承担起这个艰巨的责任：在事业上有所成就，为孩子的物质生活护航。

事业有成的爸爸才能提供给家庭和孩子充足的物质，让孩子在成长的道路上少走弯路；事业有成的爸爸才能给孩子树立一个好的榜样，让孩子耳濡目染自己的能力、智慧、勤奋和毅力；事业有成的爸爸有良好的人际关系，可以给孩子从小打造下好的人脉网络；事业有成的爸爸更加自信，能够处理好跟孩子的关系，必要时以一个成功者的姿态告诉孩子做人做事的原则。事业是成功人生和合格好爸爸的最重要因素。

那么，好爸爸如何才能算是事业有成呢？是不是每天朝九晚五地上班就是成功呢？答案当然是否定的。事业是指人们为实现某个目标而从事的、具有一定影响的经常性活动。而事业成功是指在事业中获得了预期的圆满结果。而且，这项事业是利于别人、造福于社会、被公众认可的行为。与此同时，好爸爸也得到了相应的财富和社会地位。

不过好爸爸有一点是一定要明白的，就是别因为工作忙而忽略了孩子的教育。我们追赶事业的基础是为了孩子成长得更好，如果因为事业繁忙而推脱跟孩子的相处，就是本末倒置了。好爸爸在工作之余要多关心一些孩子，观察孩子的变化，耐心地教育孩子和规划孩子的未来。

给好爸爸的悄悄话

很多爸爸常说：自从家里有了这个小不点，哪还有时间去忙事业，能稳定现在的工作就不错了。其实这完全是一种借口，事业有成最基本的一点就是有目标，有毅力，孩子的到来是给自己事业的一种动力。

（1）**事业有成不一定是创业**。事业有成是指无论我们做什么，我们都能在其领域和行业内做到最好，为自己带来财富和社会地位，为别人带去利益和好的影响。所谓"行行出状元"，说的就是这个道理。

（2）**好爸爸要做一个有心人**。世上无难事，只怕有心人。好爸爸遇到困难，懂得用好的方法去化解，去解决，因为好爸爸无论在生活中还是在工作中都是一个有心人。好爸爸懂得事物之间千丝万缕的联系，并且用这些联系去排除万难，取得成功。

（3）**好爸爸有很多好朋友**。充满了友情的人生才是快乐而有意义的。有位哲人说：两个人分担一份痛苦，那就只有半份痛苦；两个人分享一份快乐，则有两份快乐。好爸爸能正确处理好跟好朋友之间的关系，当他陷入困境之时，能够得到朋友的真诚帮助，会因为得到安慰和鼓舞而充满力量和信心。

（4）**好爸爸能正确认识自己**。知道自己的长处和缺点，懂得扬长避短，把自己的优点发挥到最大。在适合自己的领域崭露头角，而不是乱闯乱撞，蛮干无序，以免自己的身心遭受打击，使孩子的成长受到很大的影响。

第二节　事业稳定压倒一切

　　一个人既然感觉到自己有能力做伟大的事业，便无须说什么多余的话了。

　　　　　　　　　　　　　　——俄国文学家托尔斯泰

　　小芸的爱人是一个大公司的部门经理，长年在外地，一个月才能回家一次，所以每当我们抱怨老公回家很晚的时候，她都会在一旁大叫道："好啦，这样你们还不知足啊，我丈夫一出差就要一个月才能回来一次呢！"虽然话语是不满的意思，但是，她在说这些话的时候，脸上并无愠色，反而写满幸福的甜蜜。他们的女儿还不到两岁，为了更方便地照顾孩子，她和女儿搬到娘家长期居住，把自己的房子租出去，每月的房租也成了一份可观的收入。再加上丈夫每月不菲的收入与相聚时更加倍的体贴，不但没有使家庭有裂痕，反而将两地分居的遗憾弥补得天衣无缝，女儿也未因父亲的疏离而有所隔膜，每天抱着电话"爸爸、爸爸"的叫，那份亲密令小芸也欣喜不已。

作为好爸爸，虽然你的奋斗不一定能够提供孩子成长所需要的一切，但是你洒下的每一滴汗水，你为孩子做的每一次努力，都能使孩子在今后的人生道路上走得更远更高。好爸爸一定有一个共同的目标，就是奋斗出一项稳定的事业，即使不能时时与孩子见面，却能在看到孩子有条件茁壮成长时开怀欣慰。

有稳定的事业才能有稳定的家庭。有了稳定的事业，才能给爱人和孩子一个稳定的居所，让孩子有一个稳定的家庭环境，给孩子的心灵一个温暖的港湾。研究表明，有固定居所家庭的孩子比出外打工住在临时住房的孩子更有自信，处理事情也更加理性客观。这样的家庭对孩子来说是自己强大的靠山，让孩子的心灵有所依靠。

事业稳定的好爸爸懂得在工作和家庭之间找到一个合理的平衡点，既不会把家庭的琐碎带到工作中，也不会把事业的抱怨带回家中。好爸爸能够保证自己的情绪波动不会影响到孩子的成长。

好爸爸会在孩子睡醒之前，处理好自己的一切，并且在前一天晚上就做好第二天的计划。把那些给自己带来压力的地方，尽量缩减到最小。只做最重要的事情，在合适的时间旅行或者聚会，适当地放松自己，休息一下身心。适量承担一点家务活，不要给孩子造成爸爸就不应该做家务的印象。每个月最好跟妻子和孩子一起出游一次，关注生活中的变化，不为小事而大动干戈。

事业稳定的好爸爸有写日记的好习惯，内容可以是自己成功的经验，遇到的困难，化解困难的办法，对周遭事物的思考，即使自己不看，将来对孩子也是一笔宝贵的财富。

好爸爸不觉得家庭是自己事业的负担，反而在劳累的工作之余，想想自己的家庭和孩子，会为自己带来放松的心情。对于好爸爸来说，家庭、工作两不误是最成功的生活方式。虽然现在辛苦一些，但将来你一定会觉得值得。

给好爸爸的悄悄话

好多爸爸觉得活在这个社会真的是太不容易了，其实并不是自己不爱家庭，也不是不爱工作，只是一肩承担双重责任，有时真的觉得很累。而且长时期处于这种压力之中，身体也慢慢变得吃不消。高血压、胃溃疡、抑郁症是最容易被男人忽视的疾病，要想做个事业稳定的好爸爸，健康问题不容忽视。

（1）**好爸爸要学会慢吸快呼**。这种呼吸方式可以控制吸烟和预防哮喘，血压、心率、血液循环、体温等也会在这种简单的呼吸之前得到回复和放松。第一步要放松腹部的肌肉，最重要的是给自己足够的时间，用最恰当的方式把气体呼出来。一定要做到吸气的长度是呼气长度的2倍以上。

（2）**好爸爸要学会给自己加餐**。少量多餐对身体是最重要的，工作忙碌的爸爸，每2到3个小时，可以吃一顿小饭。多食用较小的鱼类，比如野生或有机的鲑鱼、新鲜的沙丁鱼等都是不错的选择。另外，粗纤维的食物是帮助排便最好的选择，有时不是某件事情让你烦恼，而是堆积在体内的毒素让你烦躁不堪。

（3）**好爸爸要有好的睡眠**。千万不要认为每天晚上完成8小时的睡眠，身体就得到足够的休息了。睡眠注重的是质量，而不是时间。如果你在工作中常常犯困、打盹，证明你并没有保证高质量的睡眠，晚上睡觉之前做些瑜伽的动作可以让自己快速入睡。

第三节 努力工作，为孩子的成长奠定物质基础

无论哪一种职业，只要是值得从事，就需要我们努力。

——英国现实主义作家狄更斯

一天，猎人带着猎狗去打猎。猎人一枪击中一只兔子的后腿，受伤的兔子开始拼命地奔跑。猎狗在猎人的指示下也是飞奔去追赶兔子。

可是追着追着，兔子不见了，猎狗只好悻悻地回到猎人身边，猎人开始骂猎狗了："你真没用，连一只受伤的兔子都追不到！"猎狗听了很不服气地回道："我尽力而为了呀！"

再说兔子带伤跑回洞里，它的兄弟们都围过来惊讶地问它："那只猎狗很凶呀！你又带了伤，怎么跑得过它的？"

"它是尽力而为，我是全力以赴呀！它没追上我，最多挨一顿骂，而我若不全力地跑就没命了呀！"

人生来是有很多潜能的，但是我们常常在借口中错过了得到它的权利："我已尽力而为了，实在不行就这样得了。"

在这个竞争激烈的年代，你真的尽力而为了么，尽力而为就足够了么？

好爸爸应该问问自己，你是尽力而为的猎狗，还是全力以赴的兔子呢？努力的程度不同，得到的自然也会不一样。好爸爸要努力工作，为孩子奠定成长必需的物质基础。而且这种努力，是全力以赴的努力。

努力工作的好爸爸要学会让自己安静，把思绪沉淀下来，对目标有渴求，首先要对事物降低欲望，把自我归零。这样每天才是新的起点，所谓退一步海阔天空，适当放开自己，走下一步才更有动力。

努力工作的好爸爸会把自己当作最大的敌人，而不是每天嫉妒别人和羡慕别人。生活中有太多的人都是因为嫉妒和羡慕别人而耽误了不少的时间，损伤了自己自由的心灵，别人可以成功，你也可以的。事情不分大与小，要为自己的每一次进步而感到高兴和骄傲。

努力工作的好爸爸会正确地利用金钱。挣钱的目的是为了让家庭更健康的发展，让孩子更茁壮地成长。好爸爸会知道每一笔钱的去处，当花则花，当省则省。好爸爸有比较好的控制能力，不会因为金钱给家庭和孩子带来任何负面的影响，让孩子在一个良性的环境中成长。

好爸爸会每天通过阅读和学习的方式补充自己。即使挣到了很多钱也不自满，仍然要吸收养料，丰富自己的知识面。现在的社会竞争非常激烈，人际关系也很复杂，你不进步，就等于倒退。故步自封，挣点钱就沾沾自喜的爸爸不是好爸爸。

好爸爸即使在面临失败的情况下，也不会看不起自己和自己的家庭。坚强的爸爸会找出自己失败的原因，然后想办法克服困难。而不是自暴自弃，破罐子破摔，对孩子作出不负责任的行为。好爸爸要学会调整自己的情绪，为了孩子保持积极向上的心态，培养健康、优良的心理素质。锻炼克服困难的能力，以饱满的心态迎接每一天。

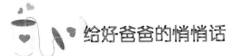 **给好爸爸的悄悄话**

真正的好爸爸懂得如何赚钱，也懂得如何花钱。懂得给孩子充裕的物质基础，也懂得让孩子学会正确地看待财富，不做衣来伸手，饭来张口的小皇帝和小公主。

（1）**好爸爸不给孩子过多的物质满足。**好爸爸的钱财中，只给孩子准备足够的教育经费和生活费用就可以了。适量给孩子买玩具，带孩子出去游玩等，额外和过多地满足孩子过分的要求，等于是害了孩子。面对孩子过分的要求，好爸爸要坚决地说不。给孩子奠定物质基础并不是让他变得享乐和懒惰，要告诉孩子要得到财富必须靠努力和勤奋。

（2）**好爸爸不以给孩子物质为前提让孩子完成任务。**在现实中，有很多爸爸为了鼓励孩子考高分，就承诺只要考到95分以上就买电动车之类。实际上，这是一种十分错误的做法。一切财富都是在努力和自省中获得了，这样做只能让孩子逐渐失去自我认知、自我探索和自省的能力，失去了对事物正确的判断和意志力。

（3）**好爸爸让孩子自己支配零用钱。**一个人最重要的不是省钱的能力，也不是赚钱的能力，而是管理钱财的能力。好爸爸可以把每个月的零用钱一次性地给孩子，让孩子学着自己去管理自己的财务，对孩子控制能力也是非常好的锻炼。

第四节　给孩子最需要的东西

使教育过程成为一种艺术的事业。

——德国哲学家赫尔巴特

我有一次去上海的一所小学做调查，走进教室里，我问了全班40多个孩子一个问题："如果给你们一个可以实现愿望的宝葫芦，你们最想实现什么样的愿望啊？"

孩子们争先恐后地回答了问题，有的说："我希望有一套自己的房子，不用跟爸爸妈妈住在一起，这样他们就不会整天到晚地挑我毛病了。"有的孩子说："我希望世界上有一种药，可以让爸爸妈妈吃了只说我的优点，不说我的缺点。"还有的孩子说："我想学会隐身术，让爸爸妈妈看不到我，这样就可以想去哪玩就去哪玩了！"

爸爸妈妈是孩子最亲近的人，是世界上最爱孩子的人，每一个身为父亲的人都认为，每天都无私地为孩子奉献着，奋斗着，为什么孩子却总是躲避我们？难道我们的爱在孩子那里不被接受？

在现实中，到处都是这样的情况。爸爸的教育方法不正确，会减少孩子心中的爱，增加孩子的抱怨。我们常常认为，已经给予了孩子很多的东西，可是，我们有没有想过，这些是不是孩子最需要的东西。

有位伟人曾说过，我们的人生关键不在于取到了一副好牌，而是如何将一副坏牌打好。一个好爸爸懂得孩子最需要什么。一个人真正强大的不是取之不尽的金钱，而是懂得争取金钱、利用金钱的智慧；一个人真正需要的不是一帆风顺的路途，而是面对坎坷勇于战胜的信念和勇气。对于好爸爸来说，正是起到了这样的作用。给孩子最需要的东西，才是给了孩子最好的东西。

孩子首先需要的是物质的满足。物质缺乏的家庭，孩子的心灵往往笼罩上一层自卑的色彩。在学习、生活中也得不到最到位的支撑。好爸爸首先要给孩子的就是物质上的给予，不能让孩子输在起跑线上。

孩子需要身体、游戏中的关爱。身体的健康是一生奋斗的本钱。尤其对于年龄较小的孩子，家长对于孩子身体方面无微不至的照顾和体贴是非常重要的。

孩子需要一个美好的童年。童年只有一次，过去了就再也回不来了。孩子从有自己的思维能力开始，就已经在规划自己童年了，好爸爸会发现，孩子越来越不听话了，孩子有坏心眼了，其实，这不是孩子"不听话"，也不是"坏心眼"，而是他们本能的对自己要求的世界作出的回应。孩子虽然自我约束的能力不强，但是也在尽可能地去探索一切未知的事情，好爸爸应该给他们这个权利。

归根结底，孩子最需要的是好的教育方式。这种方式，是爸爸与孩子之间的一座桥梁，方式越好，这座桥梁越宽，孩子接受、吸收得就越多、越快；方式越不好，这座桥梁越窄，孩子就越不容易接受，甚至还有可能造成负面的影响。

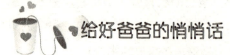

给好爸爸的悄悄话

　　好爸爸都希望孩子茁壮健康地成长，希望给孩子好的生活环境、好的沟通方式、好的精神状态、好的思维习惯，所以，好爸爸一定要有一个正确的心态去教育孩子。

　　（1）**好爸爸要用民主的方式教育孩子**。孩子的心态是反映爸爸教育方式的一面镜子。如果你用专制的方法跟孩子说"不许动那个镜子！"孩子也一定会反抗"我就想动"。 好爸爸要把孩子当成一个有独立人格的人来看待。要首先尊重他的需求，甚至包括一些不正确的、可能有危险的，在尊重的前提下对孩子进行说教，效果一定会更好。

　　（2）**好爸爸要用理解的方式教育孩子**。每个年龄段都有每个年龄段不同的追求，好爸爸不能要求孩子做的每一件事情都完全正确无误。孩子有其独特的价值观，作为爸爸，最好的方式是保护孩子的价值观，保护孩子的兴趣点，如果孩子的价值观是原则性错误的，要用引导的方式。但好爸爸一定要知道，世界上没有两片相同的叶子，每个人眼里的世界都是不一样的，如果孩子选择了和你不一样的道路，一定要理解他。

　　（3）**好爸爸要用正面的方式教育孩子**。人们的潜意识里是听不懂"不"的。就好像我对你说"晚上你别想吃到一个苹果"。结果会怎样呢？你偏偏在潜意识里告诉自己，想吃到一个苹果。对孩子教育也是一样，好爸爸要尽量用正面的说法引导孩子。例如"不要紧张"说成"要放松"效果会更好一点，因为在事实上，只要听到"紧张"这个词，就一定会带来紧张的状态，而无暇顾及前面的前缀了。好爸爸要用正确的行为和语言，让孩子对正确的事情强化吸收和记忆，才能达到事半功倍的作用。

第五节　算算养育孩子的经济账

给孩子最好的，哪怕很少。给孩子最好的，尽管不是地位、金钱。给孩子最好的，不是我们的无奈和恶习。

——英国著名教育学家斯宾塞

中国社科院社会学研究所刊发了著名社会学家徐安琪的一份调研报告，报告中称根据对上海市徐汇区的一项社会调查显示，父母养大一个身体健康的孩子平均要花掉49万元。

这个报告一刊出，立即引起父母们的强烈反响。上海是平均消费水平比较高的城市，在其他地区用于孩子的花费是不是也很高呢？其实，大多数父母并没有把为孩子花的每一笔钱都计算下来，如果仔细回忆一下从怀孕到把孩子抚养成人的花费，尽管各地收入水平、工资水平不同，但对于每个家庭，这笔钱都不是一笔小数目。

零岁期：生孩子需要存钱罐。

从准备怀孕到生个孩子可以说是"零岁工程"。现在社会中的要接受一个孩子的到来不像古代那么简单，顺应天意而为之。如今的年轻爸爸，如果没有攒够孩子需要的"奶粉钱"，是断然不敢贸然迎接一个孩子的来临的。在中国，从准备孕育到孩子满一岁的时候，一般要花费3万~6万元不等。一般包括：孕前、孕期及哺乳期的营养费、住院费、检查费、生产费，婴儿的奶粉、尿片、衣物等用品费。

张小姐正满脸幸福地做产检。当问起她孕前准备的花费、工作职位是否受到影响时，她显露出了无奈的神色："医生说，怀孕后工作不能太累了。所以我申请调到了行政部门，奖金也减少了一半左右，等到一年以后我再回去上班时，也很难重新回到原来的职位了。"

学前期：三年花费超过5万元。

学前期，也可以算作孩子的幼儿期，根据一般的家庭花费统计，这一时期，花在孩子身上的钱一般都超过5万元。

林小姐的孩子目前入读的幼儿园，是一家公费幼儿园，在同类幼儿园中收费偏低。一学期入园费为4 500元，加上课本费、兴趣班费、订奶费、班费等费用，一学期下来就花了5 000多元。这样子一年仅读幼儿园的费用就达1万多元。王女士的儿子在一家省一级幼儿园就读，一学期收费竟高达7 000多元。

平时还有零花、衣服、医疗、保险等费用，孩子一年的养育费普遍都要超过2万元。

小学期：意外支出多起来。

孩子上了小学以后，虽然一般的学校都是义务教育，在正常的教育支出上花费还比较节省，但是孩子上小学后，衣物费、书本费、课外兴趣培养费都逐渐多起来，有的家庭因为孩子喜欢弹钢琴更是不惜血本花费上万元购置钢琴。

王女士说，女儿到了12岁，从出生到现在，每年的生活费、服装费、学费，过生日、买玩具、购买课外学习书籍等花费，年平均消费在1万元以上，小学几年，就花费了5万多元。

青春期：挣的钱刚够孩子生活费。

此时孩子由于身体和心理都在突飞猛进的成长当中，家庭情况不同，在这一时期支出的费用也相差很大。一般从孩子上高中起，就要每月给孩子独立的生活费用，从三四百元到千元不等。孩子心理的成熟，也需要家庭额外的支出给予支持。尤其到了大学阶段，对于城市中普通的工作者，一年的辛苦工作基本上刚刚够孩子一年的学习、生活费用。

张先生和妻子所在的单位虽然效益一般，但每个月也能收入7 000元左右，从儿子上高中到大学第二年，家里的8万元存款居然花光了。孩子上大学后，零花钱、交通费都居高不下，去年儿子还买了电脑，同学聚会、旅游之类的花费也是一笔不小的开支，对于没有收入的儿子来说，都要由他们来出这笔钱，感觉像在给儿子打工。

给好爸爸的悄悄话

父母辛苦养育一个孩子确实不容易，即使是一切从俭的家庭对孩子的支出也是庞大的。但是只有为人父母才知道，哪怕苦自己，也不能苦孩子的生活和教育。但是，无论是富裕或不富裕的家庭，都要让孩子从小树立对金钱的正确认识。

（1）**不要给孩子额外的花费**。给孩子花的每一笔钱都要透明且合理。盲目的消费会使钱财在不知不觉当中就流失了，而且有时甚至额外的花费比应有的支出要多出很多。

（2）**父母的辛苦要让孩子知道**。很多孩子喜欢跟风、攀比，追求名牌和穿戴，不懂得体贴父母的辛苦。父母为孩子花钱的同时要让孩子学会节俭，父母的钱不是从天上掉下来的。

（3）必要时，可以让孩子参与家庭的收支管理。父母可以利用几个月的时间让孩子做家里的金钱小管家。让孩子明白生活中钱是如何来的，是如何花的，尤其是孩子的零花钱，父母要让孩子学着自己支配。

第六节　给孩子投保险

保险的意义，只是今日做明日的准备，生时做死时的准备，父母做儿女的准备，儿女幼小时做儿女长大时准备，如此而已。今天预备明天，这是真稳健；生时预备死时，这是真旷达；父母预备儿女，这是真慈爱；不能做到这三步，不能算做现代人！

——中国现代著名学者、历史学家、文学家、哲学家胡适

那年7月刘女士的儿子意外生病身亡，在失去亲人的同时，还背负了近8万元因抢救欠下的债务。刘女士和丈夫一下子苍老了许多，按他们的工资收入，要好几年才能还清债务。孩子上幼儿园时曾经给孩子投了保，但是后来觉得孩子年龄大了不会出什么事，不再缴费，保险责任已经终止了。

投保，对孩子一生的成长都是极为重要的一项投资。如今医疗费用和教育支出不断上涨，事先给孩子准备好一笔让孩子未来有收益的保险和基金，是当下社会父母们一定要考

虑的问题。尤其是现在的学业、就业问题凸显，保障必然要从孩子小时候就开始，以缓解孩子未来的压力。

一般来说，新生宝宝在出生28天后就可以买保险了。给孩子投保的一般规则：先是意外险、医疗险、重大疾病，再是教育储备，最后是考虑创业、养老和投资理财。

对于新生宝宝来说，孩子最需要的是医疗险和意外险。因为此时孩子的免疫系统较差，自我控制力比较低，孩子的医疗风险也就相应很高，而且所有医疗保险的保费在0～3岁这个阶段都比较高。

婴幼儿在医疗保险方面一般有两种类型：第一种是补偿型，一般以实际发生的全部医疗费用为赔付上限，不会重复进行赔偿；第二种是根据孩子病情诊断情况赔付的重大疾病保险费，只要你的孩子所得病症属于保险范围内的疾病，就可以得到相应的赔付。另外，父母还可以选择住院补助津贴类保险，一旦孩子患病住院，就可以报销所有的住院费用，父母每天也可以获得一定的住院补助津贴。

第二步就可以考虑投资型的保险了，一般也包括医疗险和教育基金保障。根据各保险公司推出的种类不同，可以为孩子选择不同的保险搭配。父母要看清楚具体保险条款，不要盲目投保。在资金充裕的情况下，可以提高教育基金险的额度。最好能从小学开始一直到孩子读完大学为一个完整周期。

给孩子购买教育基金要在家庭经济情况允许的情况下，家庭总保费预算不要超过年收入的20%，过之就会造成较大的经济压力了。购买教育基金的意义对学龄儿童很重要，可以保证大人在发生不测时，孩子依然有足够的教育基金维持学习费用，因此，投保人重疾豁免条款尤其重要，不可缺少。

给好爸爸的悄悄话

孩子是爸爸妈妈的掌上明珠，每个父母都希望孩子比自己过得更好，家里有能力购买保险的时候，也是第一个给孩子投保。其实，父母往往在投保上面陷入误区。

（1）只给孩子买保险，大人不重要。爸爸妈妈是家里的经济支柱，是孩子要依靠的人，如果把钱都给孩子上了保险，爸爸妈妈却没有得到保障的话，如果父母出了比较大的意外，没有了经济来源和对孩子的保护，孩子的衣食住行也同样会陷入困境。这往往是父母最容易走进的一个误区。所以，**在给孩子投保之前，父母一定也要有所保障。孩子是家庭的希望，父母是孩子的希望。**

（2）只重教育不重保障。保险的第一作用就是对人身健康和意外事故的保障。很多父母注重给孩子投保教育保险，就将保险的功能本末倒置了。**孩子的年龄尚小，意外伤害发生的频率也属于高发期，所以医疗保险是首要给孩子购买的保险。**

（3）保险期限太长自顾不暇。为孩子买的所有保险，保险期限最多应到其大学毕业为止，之后的保险最好由其自己努力。

（4）累计保额过多，保障过剩。如果为孩子投保以死亡为赔偿条件的保险（如定期寿险、意外险），那么累计保额不要超过10万元，因为超过的部分即便付了保费也会自动无效。这是中国保监会为防范道德风险所作的硬性规定。

第七节　设定明确的财富目标

伟大的思想能变成巨大的财富。

　　　　　　　　——古罗马剧作家塞内加

　　20年前的杰夫·哈里斯一贫如洗，从事杂货店办事员的工作。20年后的今天，在纽约南卡罗来纳州，他是一名49岁的投资顾问和千万富翁。

　　在一次圣诞晚会上，杰夫遇到一位股票经济人，这个股票经纪人对他的启发很大。"与他谈话，感觉别有洞天，他教会我寻求财富不如寻求目标。"他说，"于是在杂货店休息时，我开始阅读有关投资的书，我开始每月投资25美元的共同基金。"接着，他在当地的社区学院开办了一个投资教学班，他的学生成为他的第一个客户，从此他步入投资实践。

　　"有很多的困惑，"杰夫说，"但是我满怀信心，我一定会成功，因为我并不想一口吃成个大胖子，我按照我自己设定的财富目标一步一步向前走。"

　　让杰夫·哈里斯变得富有的关键是，高瞻远瞩地设立了未来的目标。这个目标并不是遥不可及，而是需要明晰的思维和坚持的努力就可以获得。在我们的生活中，太多的爸爸总是抱怨说：世界上不会全部都是有钱人，大部分人仍然是没有充足金钱的。于是，在这样的抱怨和满足现状的声音中，爸爸成为了一个不能完成梦想的人，自然也不能给孩子足够的物质基础。

从宏观意义上讲，每个爸爸的一生中都要伴随这样几件事：工作、购房、结婚、抚养孩子、养老等几类事情。也有一些寻求特定理想的目标，比如：留学、旅游等。根据这些我们即将面临或正在面临的事情，我们可以把财富分成三个比较大的目标。

一是要实现自有资产的保值。具体来说就是，好爸爸应该至少有一项或一项以上不会因为通货膨胀而缩水的资产，也就是固定资产。目前来说，房产是最直接，并且可以供我们居住使用的固定资产之一。

二是要实现资产的增值。这一财富目标要复杂很多。好爸爸可以根据自己的情况和切实所需来一一满足。比如扩展事业的目标、出国深造的目标、孩子出国留学、每年全家旅游的目标等等。这就需要爸爸有比较稳定的事业和地位做基础，很重要的一点是，在股市、基金方面，懂得合理投资的爸爸会收到意想不到的收益和效果。

三是要给家庭和孩子安全感与归属感。这种需求对人类来说是最高的一种需要和目标，属于精神需要的范畴，很难量化。而且，无论爸爸取得了多么高的社会地位，获得了大量的资产和财产，也不过是为了得到心灵上的安全感、满足感和归属感。这是爸爸一生都要去奋斗的目标，是家庭和谐的最高标准。

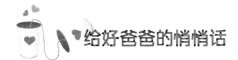给好爸爸的悄悄话

曾经有一个非常有趣的试验是：对世界上100个不同种族、年龄与性别的人进行过访问，发现只有3%的人能够明确目标，其他97%的人，有的是没有目标，有的是目标模糊，有的是不知道怎样去实现目标。10年之

后，再一次对相同的人进行调查，令人惊讶的是：有明确目标的3%的人，在事业上取得了明显的成功。而那97%没有明确目标的人，依旧过着平凡、维持温饱的生活。**好爸爸不仅自己要有明确的目标，为孩子创造好的生活，还要告诉孩子一套成功的理念，树立成功的榜样。**

（1）**好爸爸有明确的目标。**杰出的人与平庸的人，最主要的区别不在于机遇和天赋，而在于有没有人生目标。目标越具体、越远大的人，成功的机会也会更大，用的时间也会更短。好爸爸要有计划、有行动、有目标，才会有令人满意的成果。

（2）**目标是人生活的意义。**好爸爸只有有了目标，才会有为家庭、为孩子奋斗的意义，生活、工作才更有动力。有了明确的财富目标，好爸爸才会有源源不断努力，短期目标、中期目标、长期目标，在一次次实践目标的过程中，好爸爸不仅积累了财富，更积累一套成功的模式，找到了生活的意义和自信。

（3）**实现财富目标首先要实现财富自由。**好爸爸有了财富自由才可以钟情于自己想做的事情，前提是这些事情是对家庭、对孩子有利的事情；好爸爸有了财富自由才可以在实现了财富目标的同时实现自我的价值。人生最奢侈的莫过于能够自由地选择自己的生活方式，去自己喜欢的地方和做自己喜欢做的事，而不是无休止地为金钱而发愁。换句话说，金钱本身是没有任何意义的，只有懂得使用它的人，才能赋予它美好的意义。

第八节 好爸爸是孩子一生最大的财富

孩子们的性格和才能，归根结蒂是受到家庭，特别是父母的影响最深。孩子长大成人以后、社会成了锻炼他们的环境。学校对年轻人的发展也起着重要的作用。但是，在一个人的身上留下不可磨灭的印记的却是家庭。

——中国民主人士宋庆龄

有一位农村卖瓜富商，他已经要步入老年，要在三个儿子中选择一个作为自己的继承人。富商对三个儿子说："我要出国旅游去了，走之前，给你们每个人10颗种子，你们要好好珍惜……"

两年的时间很快就过去了，富商回来了，他问三个儿子的结果。先问了大儿子，大儿子说："我觉得咱们家有很多这样的种子，于是就把这10颗便宜卖给别人了，这是卖来的钱。"

富商摇摇头走到了二儿子的面前，二儿子说："爸爸给我们这些种子一定有特别的用意，所以我找了个罐子把它们珍藏起来了，可是再次打开罐子的时候，所有的种子都坏掉了。"

富商很失望，三儿子却跑过来说："爸爸，这是我还给你的钥匙。"富商满脸的诧异，小儿子说："爸爸卖瓜已经很成功，我就用这10颗种子换了蔬菜、水果的种子，然后找到了推广有机种植的政府，他们承诺免费五年给我提供有机水果和蔬菜。这就是我们家有机农场的钥匙。"

富商听了很高兴，但是不解孩子为什么小小年纪懂得这么多。三儿子说："因为平时爸爸做生意的时候，都是我跟爸爸在一起，学到了很多做生意和做人的道理。"

最后，富商把小儿子选为了继承人。

可以说，有一个好爸爸是孩子一生最大的财富，也是上天赋予孩子最初的恩赐。

好爸爸不仅给孩子提供物质上的满足，还能给孩子精神上的启迪。有一位思想伟大、精神世界丰富的好爸爸是孩子的幸运。好爸爸是孩子的第一任老师。在上面故事中，富商的三儿子不是天生就有创造财富的本领，而是在爸爸经商时候的仔细观察和思考后得来的。

好爸爸教给孩子为人处世的智慧。在社会中，每个人周围都有一张无形的人际关系网。在同样的学历下，会为人处世的人更能拔得头筹。做人宽容大度、理解温和、通情达理是需要好爸爸教给孩子的；做事百折不屈、勇于担当、缜密思考也是需要好爸爸教给孩子的。给孩子一部车，却不告诉孩子怎么去开，等于没有给孩子任何东西。好爸爸给了孩子这些，才算是给了孩子财富。

好爸爸教给孩子积极思维的习惯。孩子有了积极的思维逻辑，在面对任何困难的时候都能够从容地面对。孩子不会用杯子喝水的时候，喝水就是一种困难，如果爸爸每次都用奶瓶让孩子喝水，那么孩子一辈子都知道"杯子"这种东西。让孩子自己学会一样东西，哪怕第一次对于孩子来说会很艰难，在未来就像一个圆圈，一旦走出去，会发现，一切并没有想象的那么难，关键孩子要给自己思考的机会。

好爸爸教给孩子发散思维的习惯。发散思维在今天的社会逐渐被重视起来。一加一等于二，一加二等于三，一加三等于四，一加四等于几，到这里，你还会继续告诉孩子下面的答案么？当然是不，因为孩子本能的发散思维，会得出正确答案。所以，好爸爸不要低估孩子的能力，要多发散孩子的思维，有助于孩子学会举一反三，从多方面思考和解决问题。

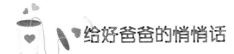

给好爸爸的悄悄话

好爸爸要常常问问自己，你给孩子的哪些东西让孩子一生受用，是孩子最珍贵的财富？

（1）**好爸爸要学会接受孩子的爱。**孩子的爱心像棵幼苗一样稚嫩，你重视它，它就会生长；你忽视它，它就会枯萎；你践踏它，它就会死亡。孩子的爱心死亡了，你也就再也别指望得到孩子的孝心了。你可以不教育孩子任何东西，唯有爱心不能不教育。爸爸一味地为孩子奉献爱，并不能得到相应的重视，爸爸一旦学会接受孩子的爱，孩子的价值才能得到体现，爸爸才能真正感到快乐和幸福。

（2）**好爸爸不做孩子永远的"严父"。**中国自古有"严父慈母"的说法，传统的印象中爸爸总是担任"黑脸"的角色，其实这是不对的。父母在教育孩子的做法上要尽量保持一致，爸爸也要学会跟孩子温柔的相处，而不只是惩罚孩子的"警示棒"。

（3）**好爸爸给孩子正确的引导。**有一则新闻是关于一个两岁小孩子抽烟的情况，两岁的孩子为什么会抽烟，答案不言而喻，一定是爸爸给了他错误的引导。其实生活中不只是这些不好的习惯，还有一些消极的话语、思维也会深深地影响、毒害孩子的心灵。坏爸爸是孩子最大的损失，好爸爸才是孩子一生最大的财富！

第九节　把孩子培养成财富

能从自己孩子身上得到幸福的人才真正幸福。

——英国军事理论家托富勒

　　在一次夏令营活动中，很多孩子都享受着野外春光的美好，在简单的午餐时，也是狼吞虎咽，可是有一个孩子却看着煮熟的鸡蛋发呆，老师问："你喜欢吃鸡蛋么？"孩子说："爱吃。"老师问："那你为什么不吃呢？"孩子说："我们家的鸡蛋都是白白的，软软的，可是这个鸡蛋是硬的，我咬不动它。"

　　原来这是个独生子女家庭的孩子，从来没有自己剥过鸡蛋壳！

　　独生子女的教育往往是失败的，因为爸爸妈妈的全部心思都放在了一个孩子上。关于孩子的一切都变得急功近利，变得只追求结果，而忽视了教育孩子的过程。最好的成长，是一步一步脚踏实地的长大。父母总有老的一天，不能追随孩子一辈子，授之以鱼不如授之以渔。衣来伸手、饭来张口的孩子既不会成功，也不会成为父母的财富。

　　以前的家庭是父母要照顾好几个孩子，每天同甘共苦，虽然没有今天如此好的物质条件，但是却有很多自己动手做事的机会，又有跟兄弟姐妹之间感情的交流机会。现在的家庭，孩子变成了爸爸妈妈的全部，很多爸爸也常说"孩子就是我们的一切"，殊不知，这种"一切"和"全部"变成了制约孩子发展的枷锁。把财富留给孩子容易，让孩子变成财富就没那么容易了。

　　把孩子变成财富，首先好爸爸要知道什么是正确的人生观、价值观，要追求什么样的财富？考上名牌大学不一定是真正的成功，赚很多钱也不一定是真正的财富。孩子小的时候，坏爸爸只在乎孩子的名次和分数，好爸爸教会孩子学习的好方法；孩子长大了，坏爸爸只抱怨孩子经常逃课上网吧，好爸爸会让孩子明白如何上网才是正确的。

　　真正的财富是快乐、健康，有行动力、有理想、有抱负、有感恩的心、有容忍的心，能劳动、会创造，孝顺父母，珍惜生命。这样的财富才是孩子最应该追求的！

　　怎么培养孩子才能把孩子培养成财富呢？成长需要什么，就给孩子什么；成功需要什么，就给孩子什么；人生需要什么，就给孩子什么。

　　人生需要有梦想，好爸爸要呵护孩子的纯真梦想，没有梦想的未来是一片苍白；人生需要包容，好爸爸要多体谅孩子的错误，孩子才能在成长中学会体谅别人；人生需要自由，好爸爸要给孩子一些自由的空间，约束下的种子不能开出美丽的花朵；人生需要挫折，好爸爸不要任何事情都给孩子做好，经历过挫折的人生才能看到最后的彩虹；人生需要肯定，好爸爸要多给孩子鼓励的笑容，孩子才有战胜困难的勇气和自信！

给好爸爸的悄悄话

　　在生活中，很多爸爸不知道什么是真正的财富，很多爸爸不知道怎么才能让孩子变成真正的财富。**孩子是家庭快乐的源泉，却因为坏爸爸的负**

面教育导致清澈的泉水变得浑浊。

（1）**不要对孩子抱以过高的期望。**越来越多的报道都是关于青少年离家出走的，为什么会造成这一现象，基本上都是因为孩子已经失去了自信，认为自己再也没有办法成为爸爸妈妈心中的好孩子。父母过高的期望，只能带来更多的失望，好爸爸要给孩子一个合理的目标，让孩子永远有成功的机会。

（2）**赏识教育是最好的教育方法。**相信孩子，每一个孩子都是一个没有被开掘的宝藏，也许你的某一句话，会在孩子的心里留下难以磨灭的阴影，直接影响孩子的积极思维。家长不要盲目地为孩子做事，更不要盲目地对孩子进行训斥和打骂，孩子一旦失去信心，就会失去成长中所有的乐趣。

（3）**永远不要把自己的孩子跟别人的孩子做比较。**人永远是为自己而活，在这个世界上，没有谁能够剥夺你为自己生活的权利和自由，即使是一个孩子也是一样。做最好的自己，而不是永远比别人强。好爸爸要善于发现孩子的优点，不要盲目地跟别的孩子进行比较，这样起不到好的作用，反而引起孩子的嫉妒心理。

（4）**孩子不是你的全部。**永远不要让孩子成为你生活的全部。好爸爸首先要树立自己优质的生活，才能给孩子一个正确的标杆，只懂得被呵护、不懂得学习和超越的孩子是不会成为你的财富的。

第三章 榜样带头型好爸爸：
给孩子好习惯与好品质

好爸爸是孩子的好榜样，爸爸的行动是孩子需要学习的楷模；爸爸的话语是孩子财富的船舶；爸爸的教诲是孩子最不能缺少的力量！

　　讲信用的爸爸用实际行动教会孩子真诚；有爱心的爸爸用切身体会教会孩子善良；智慧好学的爸爸用以身作则让孩子热爱学习；干净整洁的爸爸用自身体会让孩子勤劳朴实！

　　好爸爸不以善小而不为，从一点一滴做起，从自己做起，为孩子树立一个健康、积极的形象，孩子是生命中的第二个你，做个榜样带头型好爸爸吧！把你的好习惯示范给孩子，把你的好品质传达给孩子，给孩子插上成功的翅膀！

● 第一节　在孩子面前做好表率，讲信用

闪光的东西，并不都是金子；动听的语言，并不都是好话。

——英国著名剧作家、诗人莎士比亚

孔子早在2000多年前就教育他的弟子要诚实。在学习中，知道的，就说知道；不知道的，就说不知道。他认为这才是对待学习的正确态度。

曾子也是个非常诚实守信的人。有一次，曾子的妻子要去赶集，孩子哭闹着也要去。妻子哄孩子说："孩子啊，你不要去了，我回来杀猪给你吃。"

她赶集回来后，看见曾子真要杀猪，连忙上前阻止。曾子却说："你欺骗了孩子，孩子就会不信任你。"说着，就把猪杀了。曾子不欺骗孩子，也培养了孩子讲信用的品质。

父母们要时刻记住，你的一言一行，一举一动，都是孩子的模仿对照。如果我们言而有信，孩子也会说到做到，如果我们欺骗孩子，孩子也会欺骗我们，欺骗别人。所以，好爸爸要用自己优秀的品质和习惯来影响孩子的思想和行为，

让孩子也成为一个诚信、诚实、正直的人。

好爸爸在生活中要怎样给孩子做表率作用呢？首先就是要在孩子面前"言必信，行必果"，要实话实说、说话算数、言而有信。其次，好爸爸在处理家庭问题时，每个家庭成员之间都要建立平等沟通的关系，和睦相处，相互体谅，尤其是爸爸不摆家长架子，不要家长威风。孩子在小时候做了不诚信的事情是很正常的，这正是好爸爸教育孩子"守信用"的最好时机。

一天，爸爸把全家人聚在一起，他严肃地把每一个人都看了一眼说："谁砍了我的苹果树？你们可知道我用多少钱买的。"大家你看看我，我看看你，有的小声议论，有的说："不是我。"只有华盛顿在那里不说话。原来，他吓坏了，没想到自己闯了大祸。前几天，父亲买了一把新斧头，他想看这把斧头结不结实，就带着斧头来到花园里。花园里种了许多苹果树，他就向一棵苹果树砍去，上面马上有了几个深深的口子。这时，华盛顿想："我要不要说实话呢？"他非常害怕，真想不说实话。

突然，华盛顿想起了什么。他站起来，对爸爸说："爸爸，我要诚实，苹果树是我砍的。"家人吃惊地看着华盛顿，只见爸爸走过来，说："孩子，你的诚实比一千棵苹果树更有价值。"

小小的华盛顿最终明白了做人要诚信，而他的爸爸没有打骂他，而是在恰当的时候告诉了儿子最珍贵的道理。

给好爸爸的悄悄话

好爸爸是孩子的第一任老师，诚信的爸爸，孩子也自然不会学到言而无信。在教育孩子过程中，是有办法可循的。

（1）好爸爸要为孩子树立好榜样。孩子的诚信之心最主要的来源就是他的好爸爸。孩子会学习我们的待人理念，然后用他学到的去对待自己周围的人和事。

（2）**好爸爸教孩子学会"换位思考"**。要尝试让孩子站在对方的角度上思考问题。如果同学跟你说明天送你一本书，在你高兴的期待后，他又说不来了，你会怎么想呢，所以答应别人的事情一定要做到哦！如今，太多孩子已经被惯坏了，不自觉地就站在自己的角度去思考问题，不懂得顾及别人的感受。换位思考是个不错的办法。

（3）**好爸爸教会孩子理解别人，没有谁是完美无缺的**。每个人都有或多或少的缺点，爸爸妈妈也有缺点，包括孩子自己也是有缺点的，千万不要因为看到别人的一个缺点就抓住不放，这会让别人伤心、难过的。和朋友交往时，不要一味追求绝对的完美，对自己要严格一点，对别人要宽容一点。一定要让孩子明白：宽容和大度是一种美德，同时也要告诉孩子，明辨是非是交朋友的前提，对培养的错误要尽量宽容以待，而不是对坏人坏事的妥协。

（4）**好爸爸让孩子多与朋友交往**。诚信之心是在与同伴的交往活动中逐渐培养起来的。只有通过交往的过程，孩子才能真正体会到诚信的意义，体验讲信用带来的快乐。

第二节 做事细心认真

　　没有顽强的细心的劳动,即使是有才华的人也会变成绣花枕头似的无用的玩物。

　　　　　　　　　　　——俄国导演斯坦尼斯拉夫斯基

　　一位在教师行业上奋斗了30年的王老师说,很多孩子是很聪明的,但往往因为几分之差与名牌大学无缘,而这几分往往又是由于学生粗心大意,没有好好检查造成的。在与学生家长的多次交流中发现,谨慎、细心风格的父母,培养出的孩子很少犯这样的错误,而平常行事大大咧咧、粗心大意的父母,孩子也往往有类似的性格。

　　细心的孩子也许会比粗心的孩子因为几分之差而上了更好的大学,细心的孩子能更加受到老师的重视,细心的孩子能够得到老板的重任,细心的孩子会在成长的道路上少犯错误,少走弯路。细心是需要好爸爸细心培养的。

　　很多爸爸认为有些孩子从小就细心,细心是一种天生的习惯,后天很难纠正的。其实,这是一种极其错误的观点。

无论是性格内向、外向的孩子，细心、认真的习惯都是在后天的家庭、学校环境中逐渐培养起来的，而且，其中，家庭尤其是父母对孩子的影响是最重要的。分数也许并不能说明什么，但能从一个侧面反映孩子细心与否。

培养孩子细心、认真的品质一定要从细节上下工夫，而且好爸爸自己一定要变得细心起来。有粗心习惯的爸爸一定要知道，只有自己改变了不好的做法，孩子才有可能得到好的教诲。要让孩子细心，要先让孩子学会"专注"做事。专注能够让孩子注意力更加集中，让自己的心沉稳下来，做事情不会三心二意，半途而废。还要培养孩子"爱检查"的习惯。做完功课，检查一下写得如何，做完值日，检查自己的劳动成果，有不好的地方自然会及时修补。培养孩子"有条理"的习惯，让孩子把自己的书本和课外书按照分类和次序排好，要有条理，有序完整，不毛躁，不丢三落四。

细心的习惯不是一朝一夕就能养成的，好爸爸对孩子的要求也不能时松时紧，不能苛责孩子一蹴而就，也不能纵容孩子不完成要求。碰到孩子没有耐心再坚持的时候，好爸爸可以这样说："孩子，粗心可是会影响考试成绩的，上大学是一生中很重要的事情，你要向上，养成细心的好习惯。"你也可以这样夸奖："太好了，孩子，这次很细心地完成了考卷。"你可以这样要求："孩子，认真一点好么，这原本不是那么难的事情。"

在教育孩子的问题上，有的爸爸喜欢软办法，有的爸爸喜欢硬办法，但无论用什么办法，仍然要记住一点，不要总提醒孩子"粗心"两个字。要让孩子明白，细心是一种习惯，是一种常态。粗心是完全没有的事情。

 **给好爸爸的悄悄话**

如果你有一个粗心的孩子，好爸爸一定不要着急，尽早想些好办法，帮助孩子培养细心、认真的好习惯是完全可以的。有一点好爸爸一定要注意，最好改变一下自己说话的方式，避免说否定的句子，要多给孩子正面的强化记忆。比如不要说，"我不要贫穷"，而要说，"我要富有"；不

要说，"我不想落后"，而要说，"我要领先"；不要说，"我不想失败"，而要说，"我要成功"。孩子有缺点也不要着急，要积极寻找正向解决法，比如粗心，先写下孩子的缺点粗心，然后写下孩子的优点，细心的地方，如何克服粗心的缺点改为如何培养细心的优点，好爸爸可以采取五个步骤：

（1）多留心孩子细心的地方，适时地夸奖孩子，孩子细心的表现就会越来越多。

（2）给孩子列一张细心记录表，孩子每认真做一件事，就给孩子贴一面小红旗，积累到第十面就给孩子一次小小的奖励。

（3）多给孩子提供细心的机会，比如让孩子重新做一遍做错的题目，跟孩子玩找错误的游戏。通过做手工活、快速计算来培养孩子细心的品质。

（4）好爸爸处处细心，给孩子做细心的榜样。

（5）多让自己的孩子和细心的小朋友在一起玩。

第三节　以身作则胜于无休止的说教

最好的教育是以身作则。孩子们对谎言或虚伪非常敏感，极易察觉。如果他们尊重你、依赖你，他们就是在很小的时候也会同你合作。

——印度前总理英迪拉·甘地

爱迪生在8岁时才开始上学念书。进的那所学校只有一个班级，校长和老师都是恩格尔先生。学校课程设置呆板，老师还经常体罚学生。老师讲课枯燥无味，引不起爱迪生的兴趣，因此，他从来没有好好地在椅子上坐过。

老师在讲台上教课，他就在下面走动，有时还跑到外面去。有时候，他会收集附近人家丢弃的物品，制造一些奇奇怪怪的东西带入教室。他整天就玩这些东西，完全不注意老师在讲台上讲些什么。长期下来，老师感到很头痛，因为爱迪生往往妨碍了别的学生上课。

一次，上算术课的时候，老师讲一位数的加法。学生们都安静地听讲，爱迪生忽然举手发问："二加二，为什么等于四？"老师被问得张口结舌。

第二天，老师就把爱迪生的母亲叫到了学校，对她说："爱迪生这孩子一点不用功，还老是提一些十分可笑的问题。昨天上算术课时，他居然问我二加二为什么等于四，你看这不是太不像话了吗？我看这孩子实在太笨，留在学校里只会妨碍别的学生，还是别让他上学了吧。"

爱迪生的母亲非常生气地说："我认为爱迪生比同龄的大多数孩子聪明，我会教我的爱迪生，他再也不会来这里了！"

此后，爱迪生便在母亲的亲自指导下如饥似渴地汲取着人类先哲的智慧思想。爱迪生的母亲具有高超的教育才能，因此把家庭教育办得生动活泼。

春天，树木抽出嫩枝时，她和儿子坐在屋门前，边晒太阳边上课。

夏夜，天上繁星闪烁，庭院里一片葱绿，她和儿子来到高高的瞭望塔上，一面纳凉，一面读书。

到了秋天，爱迪生又开始阅读《鲁滨逊漂流记》、《悲惨世界》这一类文学作品。

冬天，天寒地冻，她又在火炉旁对儿子授课。她讲地理，如同把爱迪生带到世界各地周游，漂洋过海，登山探险；她讲英文，非常注意打下良好的基础。特别是她教文学，使爱迪生对雨果敬慕不已，以至于朋友们都管他叫维克多·雨果·爱迪生。

在接受教育的过程中，爱迪生深深地体会到母亲对自己的重要性，他认为，母亲是真正理解他的人，后来，爱迪生还说："我在早年发现了慈母对孩子是如何有益。当学校教员叫我笨蛋时，她来到学校为我极力辩护，就从那时起，我决定要为她争脸面，不辜负她对我的期望。她实在是真正理解我的人。"

由于母亲良好的教育方法才让爱迪生重燃了对学习的兴趣，在学习的过程中，爱迪生并不是一味地被辱骂和排斥，也没有被母亲无休止地唠叨和抱怨，而是在母亲以身作则的行为下受到感悟和启发。是他的母亲，一步步带领爱迪生走向了成功，最终成为举世闻名的科学巨匠。

卡尔·威特每当回忆起父亲对他的教育时，也经常这样说："我认为，仅仅为了一个目标而努力学习的做法是对快乐人生的否定，这样的努力是毫不值得的。在父亲心中，人生最重要的就是拥有幸福，要成为快乐的人。"

卡尔·威特回忆道：

我从小就得到父亲的教导，要成为一个快乐的人。比成就、成功更有意义的就是幸福本身，这是我的亲身体会，同时也说明了父亲教育观点的正确性。从多年的学习生活中，我发现，是父亲引导我走向快乐生活的。

有一次，我在做一道很难的数学题，可能是在解题的过程中我得到了乐趣，而忘记父亲给我安排的时间。

"卡尔，你应该出去玩一下啦，时间到了。"父亲见时间过了好久我都没有出来，就催我。

我说："爸，我还没有做出来呢？"

"休息一会儿再做，更容易做得好，先放下吧。"父亲说。

"我想做完再休息，这题比较难。"

"我相信你能做得出来，但要等你做出来后，可能已经累了，这样你接下来的学习效果会受到影响的，还是休息一会儿吧。"

"我正在兴头上，我一点儿也不累。"我说。

父亲说："我看得出来，但如果现在你不休息一会儿的话，不到外面走一走，你的兴致很快就会没有了。"

听了父亲的话，我就跟父亲一起到外面散步了。父亲一边走，一边对我说："孩子，这个道理你一定要明白，再大的兴趣，如果得不到适当的培养早晚都会消失的。"

相信这个故事给很多爸爸都带来很大的触动，每个好爸爸都不甘心让自己的孩子落在别人的后面。于是，你总是嫌弃孩子学习的时间短，你总是抱怨孩子的分数低，可是，你有没有真正为孩子的内心着想，亲身告诉孩子应该怎么正确的学习和生活。过多地干预和给予孩子过重的压力，都会让孩子产生厌学情绪，甚至走上犯罪的道路。

给好爸爸的悄悄话

好爸爸以身作则才能让孩子看到最实际的做法，才能让孩子不以为：你只是这样要求我，也许你自己都做不到，也许你只是想满足自己的说教欲。

（1）**好爸爸从自身做起**。"爸爸"的形象在孩子心中应该是完美而又高大的，好爸爸在家中不说脏话，讲卫生、有礼貌；不会随便让妻子和孩子为自己服务，尤其是对妻子的态度和行为，对孩子有很深的潜移默化的影响，当你和孩子外出时，做上一件见义勇为或者助人为乐的事，在孩子心中的影响将是无法估量的。

（2）**别低估孩子的模仿能力**。孩子的模仿能力是很强的，而好爸爸的行为就是孩子首要模仿的榜样。爸爸要求孩子做诚实的人，自己就要对孩子坦诚相见。对待孩子像对待朋友一样。只有父母做好的榜样，才有可能培养出品德优秀的好孩子。

（3）**好爸爸要时刻以身作则**。人之初，性本善。每一个孩子多是天真、可爱的。他们就像一张张画布，父母的行为就像画笔，你画上什么样的色彩，他就呈现给你什么样的图案。作为一个好爸爸，应该时刻以身作则，注意自己的行为，给孩子蔚蓝的天空。

第四节　做孩子前进路上的榜样

一个榜样胜过书上二十条教诲。

——英国人文主义者罗·阿谢姆

"儿子，你这几天总玩游戏机，就不能控制一下自己，把精力用到学习上吗？"爸爸说。

儿子回答说："你还说我呢，爷爷经常告诉你不要在外面玩麻将，你怎么还总是整宿地玩呢？"

不怕爸爸教育孩子，就怕爸爸的话经不起推敲，经不起孩子的反问。孩子的一次反驳，一下子让他的爸爸张口结舌，可见，孩子们是会常常把自己的行为跟父母相对应的，甚至父母行为中的不正确的地方往往就会成为孩子为自己错误开脱的"口实"。父母又生气，又不知道该怎么办。

所以在日常生活中，好爸爸一定要注意自己的言行举止，也可以经常跟孩子互相提醒，互相交流、沟通，跟孩子一起努力树立良好的个人形象，时刻给孩子健康、积极、阳光的印象，从一点一滴的小事做起，孩子会受益匪浅。

如：好爸爸工作上应敬业、积极上进；待人热情有礼、大方、诚恳、一视同仁、言行一致。此外，好爸爸还应注意杜绝在孩子面前有"不宜"的行为。有其是不要过多地在孩子面前谈论金钱之类的问题，这样会给孩子带来不好的影响。

家庭是孩子的一面旗帜，爸爸是孩子的一面镜子，也有人说：家庭是人生的第一课堂，父母是人生的第一任教师，总之，爸爸的行为对孩子影响最深刻，孩子从出生后的每一天，都在学习着父母的行为，在模仿中长大。爸爸的一言一行、一举一动，都对孩子有着潜移默化的影响。

一个自私自利、只顾自己的爸爸很难养育出一个热爱奉献、乐于助人的孩子，一个心胸狭窄、暴跳如雷的爸爸也很难培养出一个宽宏大量的孩子。**托尔斯泰有句名言："全部教育，或者说千分之九百九十九的教育都归结到榜样上，归结到父母自己的端正和完善上。"**这也说明了育人先育己的道理，每位好爸爸都应做孩子前进路上的好榜样，这对完善孩子的人格起到至关重要的作用。《三字经》里也有"养不教、父之过"的教诲。

一个乐观向上的爸爸，会带给孩子更多更积极的影响；整日郁郁寡欢，怨天尤人的爸爸，也会让孩子不自觉沾染上忧郁、消极的情绪。身心健康的孩子一定有一个优秀而伟大的父亲，好爸爸用自己的切实行动教会孩子生活的一切。

给好爸爸的悄悄话

在教育孩子的过程中，好爸爸有时已经很注意自己的行为，但还是收效甚微，有时可能不是你做错了，而是你做得还不够多。

（1）**好爸爸和妻子在教育步调上保持一致。**目前很多案例都说明孩子遭受了家庭教育中的"阴盛阳衰"。要么是妈妈全权照顾孩子，孩子得不到刚性的父爱，要么是爸爸跟妈妈配合不好，孩子也不知道听谁的好，这样发展下去对孩子十分不利，有些孩子性格上有缺陷，跟这样的教育有直接关系。

（2）**好爸爸给孩子一个快乐的童年**。这个问题在单亲家庭中尤其严重。生活在离异家庭的孩子比正常家庭的孩子承受了更多压力。在孩子心智还未成熟的时候就遭受了家庭的破裂，无论从感情伤孩子是精神上都是一个不小的打击。

另一种情况就是只注重孩子分数，不注重孩子能力培养的家庭，好爸爸要多给孩子自己支配的时间，没有自由的孩子的是没有美好的童年，没有童年的孩子是不懂得幸福的。没有见过幸福的人怎么会带给别人幸福呢？

（3）**好爸爸多陪孩子逛书店，少逛商店**。英国著名的戏剧家莎士比亚有句名言："书籍是全世界的营养品，生活里没有书籍，就好像大地没有阳光，智慧里没有书籍，就好像鸟儿没有了翅膀。"多让孩子接触书籍，不仅可以从书的海洋中吮吸知识的营养，开发更多的智慧，拓宽孩子的视野。好爸爸要多给孩子选些优质、适合孩子看的书籍，不仅能培养孩子的读书热情，还能学到课本上学不到的知识。

适合小学生的读物有：《寓言故事》、《一千零一夜》、《爸爸陪你读童话》等。

适合中学生的读物有：期刊，科普读物，各类名著，关于学习方法的一些书籍。

在这个过程中，爸爸应以身作则，陪孩子一起阅读，跟孩子交流，掌握读书的好方法，做孩子前进路上的好榜样。

第五节　做个好榜样，先得严格要求自己

如果要别人诚信，首先要自己诚信。
　　　　　　　　——英国著名剧作家、诗人莎士比亚

陈毅是我国的十大元帅之一，有一次他的父母回四川安家时，他给负责陪送的同志约法三章：

一、把两位老人直接送到妹妹家，不要惊动省委；

二、找普通民房住，不向机关要房子；

三、安家事宜，自行解决。

一个人做出伟大的事业很难，但更难的是无论何时都保持严格要求自己的品格和风度。"其身正，不令而行；其身不正，虽令不从。"陈毅深深知道律己才能律人，律己就需要抵制各方面的诱惑。

我们生活在如今的社会，每个人身边和心中都有很多诱惑，有时可能仅仅就是外面的一次打牌，一次饮酒，很多爸爸接到电话就迫不及待地要出去，懒散、无序的生活，让孩子也失去明辨是非的能力。培养孩子的好性格、好习惯，

好爸爸一定要做孩子的好榜样，严格要求自己。爸爸是孩子读到的第一本书，每一位好爸爸都要努力把这本书写好，让孩子学到更多，在未来的路上走得更加坚定，有力！

严格要求自己的好爸爸有规律的作息时间。健康是生活之本，规律的作息时间才能保证健康的身体。同时规律的时间也给孩子的心中留下好的印象，培养孩子过规律、优质的生活，好爸爸要以身作则，严格要求自己。

严格要求自己的好爸爸也严格要求孩子。

有一位朋友，对孩子要求非常严格，但这个"严"已经近乎于一种虐待，"严格"变成了"严酷"甚至是"残酷"了。他甚至对孩子的成绩"明码实价"地提出要求：考试得70分要罚站半个小时，60分要罚站一个小时，不及格就要挨打，甚至不给孩子吃饭。很多邻居都劝他这样是不行的，他却说这是对孩子的"严格要求"。在他的"严格教育"，孩子吃了不少苦，学习也上不去，思想也很消极颓废。

爸爸这样做是不对的，好成绩不是骂出来的，也不是罚出来的，更不会是打出来的。对孩子要严而有理，促进孩子德、智、体、美、劳多方面发展才是正确的教育导向；对孩子要严而有度，这个度指的是对孩子的要求要在孩子可以接受的范围内，循序渐进，根据孩子的实际情况培养教育；对孩子要严而有方，好爸爸自己首先要有明确的是非观念，知道什么对孩子好，什么对孩子不好，教育孩子的目的是让孩子明白正确的事情，而不是让孩子产生恐惧心理。

很多爸爸为了让孩子学会坚强，勇敢面对困难，就不允许孩子表现出一丁点的畏惧心理，哪怕孩子只有轻微的害怕，爸爸也不给予任何同情，甚至还会严厉的批评，声称这是对孩子严格的要求"遇见困难只能靠自己，没有任何人会同情你"。孩子稚嫩的内心是可以越锻炼越坚强的，也是会因为阴暗、冷漠的教育被摧毁的。

好爸爸一定要找到严格要求自己和严格要求孩子的平衡点，只有对自己严格要求才能在教育孩子的过程中不伤害孩子。

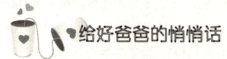

给好爸爸的悄悄话

好爸爸对自己严格要求，是为了给孩子做个好榜样，让孩子学习自己的好习惯和精神。同时，好爸爸也要对孩子有原则性的严格要求，很多爸爸苦于把握不好这个度，不严，孩子不听话；太严，又怕伤到孩子。所谓"严父出孝子"，这个"严"应该如何把握呢？

（1）**好爸爸严格的"量刑"要恰当**。惩罚孩子的方式有很多种，适当的惩罚对孩子是可以起到警示作用的，可以促使孩子改正错误。好爸爸要注意一定要合理，不能伤害孩子的自尊心。

（2）**好爸爸严格是为了孩子更好**。爸爸在指出孩子的错误时，态度一定要明确，告诉孩子他究竟错在哪里，以后应该怎么做，而不是单纯为了"教训"孩子。

（3）**好爸爸严格要及时、准确**。惩罚最好的时机，是孩子犯了错误的时候，这时，孩子没有理由可以为自己辩解，耐心地说服孩子，孩子也会心有感激的。

（4）**好爸爸严格要就事论事**。很多爸爸在批评孩子时，总是老账新账一起算，没完没了的唠叨，孩子听了当然会心烦，而且分不清主次，一下子这么多错误，要怎么改才能改得完。

（5）**好爸爸严格要实事求是**。不要为了让孩子害怕而夸张孩子的错误，要建立在公平、实事求是的基础上，对孩子改正错误更有说服力。

● 第六节 好爸爸做积极示范，坏爸爸做消极示范

良好的模范、恳切的语言和真诚坦白的同情，系指家长、教师、同学及其他人的示范对儿童的影响。

——捷克教育家夸美纽斯

北京海淀区法院少年法庭庭长尚秀云亲自审批了629名年龄不超过18岁的少年犯罪者。调查中发现他们往往是"问题父母"的产物或再塑品，其中每7个编造谎言犯诈骗罪的少年犯中，就有6个家长一贯不诚实；每14个偷拿他人财物犯盗窃罪的少年犯中，就有13个家长平时总爱贪小便宜。

就像一位学者说的："造就一个人，或者毁掉一个人，就看你是从小如何被家长教育的。"家长没有正确的价值观、人生观，就很难培养出一个合格、优秀的孩子。爸爸妈妈应该深深懂得教育的精华与核心是"道德与行为的影响是教育的主要任务，这种任务比一般地去发展儿童的智力和用知识去充实他们的头脑远远要重要得多"（美国政治家基辛格语）。

但生活中有相当一部分家长并没有给孩子起到积极示范

的作用。思想素质、心理素质、劳动素质、人品素质等不过关，在这样的父爱下，孩子很难人格健全。好爸爸应该情感健康、懂得做人的道理、积极完善自我，才能真正帮孩子学会爱、表达爱，成长为身心健康的人。

好爸爸喜欢阅读；坏爸爸喜欢赌博。

好爸爸懂得在书籍中获取生活的知识，获取事业的知识，获取教育孩子的知识，不断增长自己的知识体系，丰富自己的生活，提高自己的情趣，感受生活的美好。孩子在耳濡目染中，也会感受到阅读中的恬静和智慧。坏爸爸喜欢打牌、赌博活动，给孩子传递肮脏的金钱观，孩子也很容易沾染上赌博、吸烟的恶习。

好爸爸洁身自爱，奉公守法；坏爸爸目无法纪。

好爸爸遵守工作中的纪律，知道自己该做什么不该做什么，能够控制自己的情绪，树立正确的信念，生活的重心是孩子和家人。孩子也会跟爸爸一样养成较强的自控能力，能够宽容忍耐，克制自己。坏爸爸喜欢以暴制暴，动辄恶语相向，拳脚相加，孩子也更容易得到爸爸的暴力倾向，难以克制自己的情绪。

好爸爸爱家庭，爱生活；坏爸爸不重视家人的感受。

好爸爸懂得自己生活的意义，是为了家庭、孩子和自己生活得更好。好爸爸经常为家庭制造小情趣，让家庭更和谐，孩子更快乐，更聪明。坏爸爸只重视自己的利益，常常在家中做伤害孩子的事情，经常约"好友"在家中喝到很晚，影响了孩子和家人的休息，也让孩子觉得这样的生活是正常的，从而染上酗酒的恶习。

好爸爸善良，乐于助人；坏爸爸没有怜悯之情。

好爸爸有一个善良的心，关心小动物，关心弱势群体，会经常告诉孩子：每一个生命都是平等的，要乐于助人，从帮助别人的过程中感受到快乐，人不应该只有小爱，还要有大爱。坏爸爸信奉"人不为己，天诛地灭"，认为每个人之间都是金钱利益关系，并教育孩子人只要爱自己就可以了。这样的孩子今后走入社会是不会受欢迎的，坏爸爸让孩子的路越来越窄。

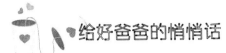

给好爸爸的悄悄话

怎么才算是一个合格的好爸爸呢？如果能够做到《中华人民共和国公民道德建设纲要》中的标准，你一定就是一个当之无愧的好爸爸了。

（1）**爱党爱国，爱人民爱家庭。**忠实于党的事业和国家的利益，忠实于人民的利益和家庭的和睦安定；

（2）**洁身自爱，奉公守法。**处处严格要求自己，堂堂正正做人，清清白白做事，做孩子的榜样；

（3）**勤于学习思考，善于探索实践。**学习现代科技文化，敢于实践创新，积极为社会发展和家庭富裕做贡献；

（4）**生活理念健康，教育孩子科学。**始终保持与时代合拍的生活理念，用科学、正确的方法，培养孩子健康成长；

（5）**明礼诚信，团结友善。**坚持和发扬中华民族的优良传统，以礼待人，诚实守信，邻里和睦，互帮互助；

（6）**勤俭自强，敬业奉献。**富贵不淫，贫穷不馁，忠于职守，始终以乐观向上的人生观，为孩子做正确导向。

第七节　培养孩子良好的习惯和品质

是否真有幸福并非取决于天性，而是取决于人的习惯。

——罗马哲学家爱比克泰德

　　三好学生是每个学生都积极争取的荣誉，小华从一年级到四年级一直是学校的三好生，因为他的学习成绩每学期都是班上第一名。可是学校今年发布的新通知，下次三好生的评比不仅要看学习成绩，还要衡量学生的德、智、体、美、劳等多个方面。

　　评选结果出来后，小华哭了，因为他今年没有被评上三好学生，在评比大会上，很多同学说了小华的坏习惯，"小华总是说自己学习最好，不用打扫卫生""小华上次见我妈妈都不打招呼""小华欺负班上的同学"……

　　孙云晓先生是我国著名的青少年教育家。他曾说："好习惯对儿童来说是命运的主宰，是成功的轨道，是终身的财富，是人生的格调。"因此，作为好爸爸，一定要培养孩子好的性格和品质，让孩子从小就树立正确的人生信念，用好的心态和素质面临未来的生活。学习不是衡量孩子品质的唯一砝码。

（1）**好爸爸要培养孩子好的生活习惯**。生活可以说是人生的第一堂课，也是孩子要学习的最基本的课程。好的生活习惯，直接影响孩子的身心健康和综合素质。它主要包括饮食、起居、排便、卫生、整理等习惯，要孩子做到按时睡觉、起床，不挑食、不偏食、细嚼慢咽，饭前便后正确洗手、早晚刷牙、饭后漱口等。父母要根据孩子的年龄特点，适当为孩子立规矩，比如：要求玩具玩完后必须放回原处，逐渐养成自己的东西自己整理和爱清洁、讲卫生、有条理的好习惯。

（2）**好爸爸要培养孩子好的文明礼貌习惯**。文明礼貌是人类的外在行为表现，但它也是反映人内心修养的重要体现，人不仅要自尊自爱，还要尊重别人，关怀别人。最起码的表现是对别人文明相待。好爸爸首先要教育孩子使用文明礼貌用语，比如"您好"、"请""谢谢""对不起""请原谅"等。此外，还要培养孩子的行为文明，热情问候，礼貌回答，服装整洁，站有站相，坐有坐相，都是孩子要学习的。

（3）**好爸爸培养孩子好的道德习惯**。培养孩子好的道德习惯，才能让孩子在友情和工作的道路上走得更远。自觉遵守社会行为规范，具有高度的社会责任感，才能成为被社会认可和尊敬的人。除了幼儿园和学校中的行为准则，还有在其他公共场合的规则，对长辈的尊敬，交通规则等，都是要时时教育孩子的内容。

（4）**好爸爸培养孩子好的学习习惯**。要想让孩子得到好的学习成果，好爸爸要先培养孩子具有良好的学习习惯，孩子有了好的学习习惯，才能不断激发学习兴趣和创意。好习惯是孩子获得成功的第一要素。自主学习、合作学习、探究性学习等都是孩子要具备的能力。好爸爸培养孩子好的学习习惯，首先要从学习上的小事做起，比如不长时间看电视，不长时间玩游戏，在爸爸不督促的情况下完成作业，学习专心认真，广泛阅读，珍惜时间等。好爸爸可以多设计一些小游戏让孩子保持学习热情。

给好爸爸的悄悄话

关于生活、学习、良好道德习惯的培养，好爸爸都能找到一些不错的办法，可是，在孩子成长的道路上，还有一些好爸爸忽视的品质和习惯，是孩子成功必不可少的。

（1）**孩子需要热爱劳动。**好爸爸要教育孩子热爱别人的劳动成果，要让孩子勤劳、耐心。培养孩子热爱劳动的好习惯，要从生活中的一点一滴做起，不仅要自己的事情尽量自己做，还要引导孩子帮助家里扫地、收拾碗筷、擦桌子、倒垃圾等。平常不要让孩子长时间看电视、打游戏，那样会增加孩子的懒惰心理。

（2）**孩子要有一颗善良的心。**善良是在任何社会生存中都需要的美好品德。善良的人会被更多的人认可和怜爱。好爸爸要多培养孩子善良的品格。比较好的一个方法是让孩子有自己的一个宠物，让孩子自己给它喂食，带它游玩，让孩子懂得生命的美好，懂得生命的给予和奉献。善良教育是孩子必修的一门课。

（3）**孩子要有一颗宽容的心。**很多爸爸都走入了一个误区，就是让孩子在家里听话，在外面霸道。在孩子跟别人的同学有碰撞时，爸爸都是希望自己的孩子能"胜利"，不受别人的欺负。其实，这样在无形中，就增加了孩子的霸道心理，侵蚀了孩子的宽容心。孩子今天对同学不能宽容、原谅，有一天也会对你施以狭隘的心。培养孩子宽容的心，让孩子走得更远，让孩子的道路更加宽阔。

第八节 塑造"榜样爸爸"的关键时期

> 尽管孩子们说不出，他们也能切实感受到父母的生活态度，与其用嘴向他们灌输正义良知，不如父母在关键时刻输出自己的行为。

> ——日本社会活动家池田大作

小明原来是个不太喜欢学习的孩子，但是，在新学期因为老师的教育变得越来越优秀，因为老师总跟他说："你每天回家看到爸爸妈妈是不是很辛苦啊，他们养育你上学读书真的很不容易，你要取得好成绩让爸爸妈妈高兴才对。"到了期末，孩子要在家长会上亲自念自己的学习心得呢!

转眼到了期末的家长会，小明的爸爸如约坐在了家长们中间，小明满心欢喜地说着自己的心得体会，他想爸爸听到一定会非常开心地夸奖自己，可是爸爸那天业务特别繁忙，在家长会途中不停地出去接电话，家长会一结束，就匆忙地带小明离开了。

小明失望极了，学习没有了信心。

很多爸爸有时不是故意伤害孩子的，甚至故事中小明的爸爸也许看到进步的小明心里是很开心的，只是因为工作繁忙而疏忽了对孩子的夸奖。无意中就对孩子造成了伤害。好爸爸不仅要关心孩子，还要懂得在什么时候关心孩子最有效果，塑造"榜样爸爸"是有关键时期的！

在新学期开始的时候是塑造"榜样爸爸"的关键时期。孩子进入新的学习环境、学习课程时，都会有一种全新的意识、全新的了解，这个阶段好爸爸要因势利导，明白孩子的需要，适时调整孩子的心态是很有必要的。

在孩子得到成功喜悦的时候也是塑造"榜样爸爸"的关键时期。好爸爸一定不要收敛自己鼓励和夸奖的话语，孩子有错误的时候，你可以批评他，现在孩子成功了，为什么不能多说几句赞扬的话呢？如果在夸奖的同时能够跟孩子说说今后的打算，就更能增长孩子的"士气"了！

在孩子感受委屈的时候是塑造"榜样爸爸"的关键时期。好爸爸要主动、冷静地、宽容地帮助孩子走出困境，而不是责骂孩子做得不好，如此说教下的孩子更能理解父母的苦心，更明白正确的方向。

在老师家访和客人来访的时候是塑造"榜样爸爸"的关键时期。聪明的好爸爸一定不要在这个时候跟老师说孩子的"坏话"，而是应该主动跟老师说孩子的优点，包括孩子在家的表现并没有让老师看到，也要公正地说出孩子的缺点，孩子在这个场合听到，会更加清楚自己的行为。

在孩子遭遇失败的时候是塑造"榜样爸爸"的关键时期。好爸爸一定要先肯定孩子做得好的地方，给孩子希望和继续做下去的信心。对不足之处给以点拨，帮孩子走出"困境"。理解、支持和同情是孩子此时最需要的。

在孩子对某些事物表现出浓厚兴趣的时候也是塑造"榜样爸爸"的关键时期。好爸爸要肯定孩子的想法，多鼓励孩子进一步探索，并给予孩子精神和物质上的支持，激励孩子深入钻研。

在有集体活动的时候也是塑造"榜样爸爸"的关键时期。好爸爸要利用这个时期教育孩子遵守纪律，懂得集体荣誉的光荣，为集体争光，培养孩子的集体观念，让孩子懂得秩序和团结。

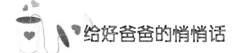 给好爸爸的悄悄话

很多爸爸头疼于孩子的教育问题，工作忙是一方面，有时候孩子的情绪阴晴难定，实在不知道什么时候教育孩子。其实，对于教育孩子，我们是完全可以把握的。前提是掌握好孩子每个阶段的身心发育情况。

（1）**学龄前是教育孩子的第一个关键时期**。这个阶段的孩子虽然年龄小，但是却是培养孩子良好习惯的大好时机，因为这个阶段的孩子可塑性非常强。

（2）**小学阶段是教育孩子的第二个关键时期**。孩子刚进入小学阶段，总是抱着好奇的心态去发现一切，接受一切，可是当这种新鲜感逐渐消失的时候，孩子的耐心也在一点点地减退。小学阶段是孩子变化非常大的一个阶段，好爸爸在这个阶段一定要多用心于孩子的教育问题。

（3）**初中阶段是教育孩子的第三个关键时期**。到了初中，孩子要一下子面临很多科目的学习，心理上要走一段很长的路程，好爸爸要及时观察孩子的变化，即使修正孩子在学习的过程中出现的问题。这个阶段也是孩子身体发育突飞猛进的时期，好爸爸尤其要注意。

（4）**高中阶段是教育孩子的第四个关键时期**。高中的孩子，心理上已经变得逐渐成熟，面临学业和青春期的很多问题，比如文理分科、早恋和对性的认知。好爸爸要在这些敏感问题上找到为孩子解答的方式，不要因为疏于教育而导致孩子误入歧途。

第九节 好爸爸别做坏榜样

没有坏孩子，只有坏环境、坏教育、坏榜样和坏想法。

——爱尔兰神父福拉乃甘

两个人在完成一项劳动后坐着休息，甲看到乙满面烟灰，于是想当然地认为自己也可能会有此情况，就到河边进行了清洗。乙没有看到甲脸上有灰就没有意识到自己的问题，结果带着一脸的烟灰回了家。

很多人看完这个故事，都会问一句：为什么甲洗完脸不告诉乙一声？因为乙的疏忽，乙就成了甲的坏榜样。生活中很多爸爸也在扮演着乙的角色，成了孩子的坏榜样。在做某些事情的时候，可能爸爸也不知道是对孩子不利的，但就是因为一时的疏忽，让孩子学会了很多负面的、不利于成长的东西。有时爸爸明明说的道理很对，却做成了另一个样子，也在无意中给孩子树立了坏榜样。

榜样的力量是无穷的，坏榜样对孩子的危害也同样是无穷的。很多爸爸也经常提醒自己说脏话是不对的，要给孩子树立一个好榜样，但事实往往不是这样，有时，爸爸确实做错了，扮演了坏榜样的角色。在生活中，你有没有遇到一些情景，无意中成了孩子的坏榜样呢？

情景一：只问孩子问题，却并不关心他的答案。

孩子放学后，你问孩子"今天过得怎么样"，这本是一个非常好的问题，表现了你对孩子的重视和关心，你也希望得到孩子跟你的述说。可是在大多数时候，你问孩子问题要么是在忙着做饭，要么是忙着上网、工作等，使这句话的意味减轻，没有想听孩子说话的迫切心态，孩子往往也会给你一句"还行吧"。这样的对话无疑是失败的。

好爸爸起码要抽出短暂的时间跟孩子谈话，当你表现出很强的好奇心的时候，孩子也会跟你滔滔不绝地讲学校里发生的事情，孩子地快乐会更加放大，烦恼也会随之烟消云散。你也可以主动跟孩子说些你自己的故事，激起孩子讲述的欲望。你们的交流是平等的。

情景二：你常常提醒孩子去感激别人，却从来不曾让孩子感谢你。

接孩子放学时，孩子跟你说今天小明给他一本故事书，你会问孩子有没有给人家说声谢谢啊，而且，你在孩子面前跟别人谈话的时候，也很注意自己的行为，总是想着跟别人客气的问答，可是从来没有想过让孩子去感谢你。

当然，父母没有必要每次给孩子准备东西都要求孩子得说谢谢。但是，如果父母经常带他去游乐园或者给他买了他最爱的玩具，父母要有意识的告诉孩子："如果能听到你的'谢谢'我会更加高兴。"

父母之间也要相互配合，当妈妈给孩子买了他最喜欢的衣服时，爸爸可以对孩子说："妈妈给你买了新衣服是不是很好啊？要不要谢谢妈妈？"当孩子跟妈妈说谢谢时，妈妈一定要开心地回应孩子。

其实，生活中有很多小事情，都是我们培养孩子优良性格的时机，也是爸爸极其容易成为孩子坏榜样的时机，好爸爸要更加细心和耐心地处理跟孩子之间的问题。

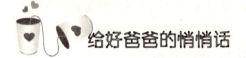 给好爸爸的悄悄话

好爸爸有时候并不是有心做一个坏榜样爸爸的，只是无意中做了孩子的坏榜样。

（1）把电视关掉，多陪陪孩子和家人。有时候家里的电视虽然关掉了，但孩子仍然没有感觉到爸爸有跟自己谈话或者游玩的意思，爸爸仍然有忙不完的事情。刚刚把孩子叫过去，爸爸的手机就响了。坏榜样有时不见得是爸爸做了很大的不对的事情，恰恰是常常表现出的不在乎，让孩子跟你的距离越来越远，彼此之间的话题也越来越少。

好爸爸最好每天晚上至少留一个小时跟孩子在一起，而且是专心地跟孩子在一起，没有电视和网络，没有电话和业务，只有你和孩子倾心的交流。

（2）跟孩子说要勇于承认错误，却总为自己的错误找借口。

每一个爸爸都会告诉孩子做错事情要勇于承认，但是自己不小心弄坏东西，却找无数的借口推脱，或者干脆觉得大人弄坏东西是无所谓的。或者是，有时因为自己心情不好而大声呵斥了孩子，事后才意识到自己做得不正确，但真的不想跟孩子重新交流，收回原来的话。事实上，错误没有那么难以承认。你大方地告诉孩子："那天真的很生气，没有冷静地思考就让你一个礼拜不能玩玩具，现在我想应该重新想一个好办法了。"当你这样说完后，孩子也并不会觉得你软弱和言而无信。

第四章　成熟稳重型好爸爸：
　　　　给孩子温暖与关怀

成熟的爸爸是孩子成长路上的一颗明灯，指引照亮孩子前进的道路；成熟的爸爸是一双温暖的大手，帮助孩子克服人生中的坎坷；稳重的爸爸是孩子心中的一座大山，当孩子疲倦时给孩子最坚实的依靠；稳重的爸爸是一条清澈的河流，帮孩子去除心灵的污浊，还孩子以心灵的宁静！

　　成熟的爸爸体现在自己的一言一行，稳重的爸爸体现在自己的一举一动，做个成熟稳重的好爸爸吧，给孩子最需要的温暖与关怀！

第一节　没有时间教育孩子，就意味着没有时间做人

教育随生命开始，在我们察觉个性已建立之前，后来的教诲已很难将它移动及改变。

——英国著名剧作家、诗人莎士比亚

有一个公司的老板每天公务缠身，应酬很多，家里的事情都交给妻子打理，包括女儿的所有事情，也都是妻子一个人在操心。

有一天，这位先生很难得在家里休息，电话铃声突然响了。妻子和女儿都逛街去了，他只好接起电话。电话里是一个女孩找他的女儿，这位老板就说女儿出去了，不在家。于是这个女孩子便委托他转告他的女儿一些事情。这位先生就很认真地拿过纸和笔，把对方的话一字不落地记了下来。

吃晚饭的时候，妻子带着女儿回来了。这位老板拿过记录的纸条，不敢有一点遗漏地向女儿转达电话内容。女儿刚开始还一脸严肃地听着，然后就怪模怪样地冲妈妈笑，最后和妈妈一起哈哈大笑起来。父亲吓了一跳，很不理解女儿笑什么，甚至有些不高兴："我对你的事情这么重视，你还这么笑，什

么意思嘛。"

结果女儿说，那个电话是她打的，她和妈妈打赌，想看看父亲能否听出自己女儿的声音。

结果，女儿赢了。

父亲听了后，半天没有说话。

这是一位忘了自己是父亲的父亲。

有一位心理学家曾做过这样一项调查，向日本、美国和中国的学生问同样的问题："你最尊敬的人是谁？"日本学生的答案是：第一位是父亲，第二位是母亲。问美国中学生，他们说：第一位是父亲，第二是喜欢的球星，第三位是母亲。可是当问到中国学生的时候，答案却五花八门，但很少有将自己的父亲摆在前面位置的。在日本和美国孩子的心目中，父亲有着不可取代的崇高地位，但是在中国孩子的心里面，父亲并没有占据很重要的位置。

在香港偶像歌星刘德华的一次歌迷见面会上，一个小姑娘抢到话筒说了一句话："今天，我爸爸住院了，但我都没去医院看他，而是到这里看你来了！"这无疑令全场的人感到汗颜！自己的爸爸在医院住院，却仍然要坚持来看一个跟自己毫无关系的偶像，很多人听后都指责孩子怎么这么不懂事，难道完全怪孩子不懂爸爸的养育之情么？为什么同样年龄的孩子所感受到的情感是不一样的，归根究底是做父亲的教育问题。

古人用"天下无如父子亲"来描述父子关系的亲密程度，并对父亲的责任定义在一个"教"字，认为："父者何谓也？父者，矩也，以法度教子。"法国的卢梭也曾经说过，教育是随我们的生命一同开始的。父亲在孩子的心里占据了很重要的位置。在全世界的任何一个角落，历来都重视父亲教育的地位和作用。

"父当以教为事"的古训，要求身为父亲一定要教好孩子，使孩子的行为规范，符合人情常理。如果一个父亲不教育自己的孩子，则会被指责"未尽父兄之责"。"养不教，父之过"也强调了父亲在教育孩子方面所应该担当的责任。

中国历史上，颜之推著名的家训、曾国藩的家书和朱柏庐的《治家格言》，都是在父亲角色研究中的典范。北宋一诗人在做了父亲后写下这样两句话："鞠育教诲诚在吾，寿夭贤愚系与汝。"更是把父亲的教育职责提到一个很高的高度。

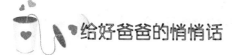

给好爸爸的悄悄话

（1）**不要让赚钱成为躲避孩子的借口**。进入20世纪后，尤其是中国的改革开放后，由于受到社会经济因素和家庭分工观念等诸多因素的影响，爸爸的职责渐渐被划定到家门之外，爸爸的教育在家中成为了次要的位置，而且由妈妈主宰、爸爸辅助的教育方式被认为是天经地义。这样自然导致爸爸在孩子心里不会占据重要的位置。

（2）**中国爸爸应该多学习外国爸爸的教育方法**。美国前教育部长威廉曾经为自己的孩子编写过一本《美德书》，书里面选取了很多富有哲学意味又轻松有趣的小故事，用愉快的方式告诉孩子做人的道理。在美国像威廉这样的爸爸有很多，在中国却罕见。中国的爸爸应该找一些国外先进的教育思想，走出自己的教育枷锁。

（3）**你不是孩子的监工**。你是不是经常在孩子写作业的时候，坐在孩子身边一动不动地盯着孩子？你是不是在孩子没锁房门出去玩的时候，偷偷看了孩子的日记？这些都是错误的行为。"监视"孩子是教育孩子中所犯的最大忌讳。教育孩子，首先要给孩子心灵上的自由。

（4）**父亲是男人终生的职业**。某些爸爸觉得孩子小时候应该多管教，可是到孩子上了高中，就不再注意自己的行为，也疏于对孩子的管教。从你的孩子出生的那天起，父亲，就是你一生要为之努力的职业，生活在一点一滴的爱中，才能有优秀、健康的孩子。

第二节　好爸爸推掉不必要的应酬

在批评父辈狭隘的时候，我们切不可忘记他们的深沉。

——英国文学家福尔克斯

　　每天晚上，小惠都要听着妈妈的故事才能睡着。而爸爸在小惠的心目中总是忙忙碌碌、早出晚归，每天回来后总是满脸的疲惫。有时甚至好几天都见不到爸爸一面。有一天，妈妈因为邻居有事去帮忙，小惠却吵着要听故事，妈妈便给在外面忙于应酬的爸爸打了电话："老公，你快点回来吧，我在邻居家帮忙，小惠要听故事。"

　　爸爸匆忙地说了一句："我回不去啊，朋友和领导都没走呢，没有时间。再说了，她睡觉都习惯有你，我去了她也未必愿意。"

　　几天以后，爸爸恰巧有时间陪小惠去幼儿园开家长会，老师说到小惠在学校里的学习表现：学习不认真，不喜欢和小朋友玩等等。老师对爸爸说："希望您能够多抽点时间陪孩子一起学习。"这让小惠的爸爸感到很惭愧，一直以来，他总是忙着公司和客户的应酬每天早出晚归，搞得自己忙忙碌碌，真的忽略了对孩子的关心。

那天回家后，爸爸放下了手头的工作，陪着小惠一起做作业，和小惠一起做游戏，在小惠的脸上，爸爸看到了幸福的微笑。那天晚上，爸爸给自己定下了一条"铁的纪律"：每天下午四点半接孩子，任何工作应酬都不能打扰。

越来越多的爸爸觉得自己离家庭教育越来越远了，而且大多是因为工作忙、压力大、没时间等原因，当孩子和妻子问起的时候，就找很多理由，随后这些理由就成了忽视教育孩子的借口。在很多孩子的脑海中，想到爸爸，就会想到没完没了的应酬。他们已经记不起上次跟爸爸去公园是什么时候了。可是，爸爸作为孩子的重要支柱，实在有必要在忙碌中抽出时间陪陪孩子，对孩子表现出更多的关爱，这样才能使家庭更加和谐，才会让孩子更加敬爱自己。

爸爸忙于应酬的主要原因，大多是因为过于关注孩子的物质生活，而遗忘了孩子最缺少什么，最需要什么。爸爸认为，只有应酬多了，财力才会上来，才能给孩子更多的条件，却不知道，在你忙碌的应酬背后，是孩子孤独和等待的面孔。

一些教育学家针对爸爸的工作和生活做了一项调查，相当一部分调查数据让人感到担忧，有超过五成的爸爸表示很少陪孩子；据调查，在中国大约有30%的父亲每天每天与家人共餐的次数不到一次。超过七成的孩子上学每天都是在妈妈或保姆的照顾中生活的，超过五成的孩子在家大部分时间是跟妈妈或爷爷奶奶一起度过，有两成左右的孩子几乎一整天都见不到爸爸。

所以，我们呼吁，多抽出些时间来陪陪孩子吧！孩子缺少父爱已经成为了中国家庭教育的巨大失败，也是孩子走入歧途的巨大因素。孩子在最初渴望父爱时，爸爸没有满足，第二次依然是这样，久而久之，孩子就失去了信心，而爸爸并没有认识到自己的错误。

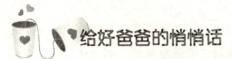 给好爸爸的悄悄话

（1）**好爸爸推掉不必要的应酬。**好爸爸懂得在事业与家庭之间寻找一个合适的平衡点。爱事业也是爱家的一部分，但当事业的天平严重倾斜的时候，家里和孩子一定会出现或大或小的问题。当你处理得好，家庭是你排解压力的港湾，当你处理得不好，孩子是你的替罪羊。

（2）**好爸爸树立家教责任意识。**好爸爸是家里重要的一员，在教育孩子的事情上尤为重要，因此不能认为教育孩子理所应当是母亲的责任。以工作忙为借口是不对的，忽略对孩子的关心和照顾，很大的原因就是因为他们没有强烈的家教责任意识。所以，爸爸们要认识到自己在教育孩子方面的重要作用，应该努力在精神世界里给孩子关爱，而不能只充当提供物质的角色。

（3）**经常关注孩子、陪伴孩子。**再忙，爸爸们也不能忽略了对孩子的爱，其实孩子的心灵都是非常容易满足的，也许你一句简单的问候，真诚的赞美，就能让孩子感到你的爱和在乎，并且这些对他们的成长有很大的好处。

（4）**好爸爸每天都有一个小时是属于孩子的。**好爸爸一天当中，一定有一个属于孩子的时刻，这个时刻中，你可以陪孩子下棋，讲故事，画画，做一切你们想做的事情，不必是什么创新科技的大事，在这些小事中，足以沟通你们的感情，足以培养孩子交流的能力。

第三节 尽心照顾，让孩子时刻感受到父爱的温暖

只有爱才是最好的教师，它远远超过责任感。

——德裔美国物理学家爱因斯坦

著名的音乐家柴可夫斯基出生在一个普通的家庭，但是他有一个非常爱他的父亲和母亲。他的父亲在矿区工作，白天都是由他的母亲照顾他。父亲、母亲虽然没有专门搞音乐，都很喜欢音乐。

每天，柴可夫斯基的父亲上班以后，他的妈妈就承担起照顾他的责任。当他苦恼的时候，他的母亲就轻轻哼唱一些摇篮曲哄他入睡。到黄昏的时候，小柴可夫斯基睡醒了，就听见外面"叮笃、叮笃"的马蹄声音，那是他父亲骑马归来的声音。

他的父亲回到家的第一件事情就是把睡在摇篮的儿子抱起来，逗他玩耍、给他唱歌。久而久之，柴可夫斯基就在这种有韵律的声音中度过了自己的童年。他的父亲逐渐也发现了自己孩子的音乐天赋，送他去读音乐学院。在对孩子的关爱和呵护中，无意间培养了孩子的节奏感和敏锐的音乐记忆。

父爱是伟大的，并伴有无穷力量。好爸爸会用自己的爱让孩子明白一切。好爸爸不会只想着赚钱，也会兼顾家庭，尤其是对孩子无微不至的爱和照顾。这样的爸爸，才是一个真正的爸爸，才会让自己和家庭享受生活的快乐，才会给孩子一个美好的童年。

好爸爸教育孩子的过程中，照顾和关爱要贯穿始终。你要时时刻刻提醒自己，爱是生活的最高原则。当你用温暖的父爱感动孩子时，你会惊喜地发现，很多苦难都不复存在了，任何事情都不能成为你和孩子的干扰。有爱心的人无论在什么情况下都有化解问题的能力。

所以，当你决心要一个孩子时，请用你的照顾和爱来迎接他吧，因为他是你生命的延续。你对他的照顾是今生最大的责任。

有位爸爸，在孩子最需要照顾的婴儿期，却因为嫌恶麻烦而躲得远远的，在孩子需要父母开家长会的时候，他却推辞说外面工作忙，这样下去，他怎么能够得到孩子的爱和关心，怎么能得到孩子的孝顺，甚至，孩子在最关键的阶段缺失了最重要的父爱，这是今后做多大的努力都不会再得到的。

好爸爸对孩子的照顾是一种不可推卸的责任和义务。一天中跟孩子在一起的任何时刻，都应该充满关怀与爱。它要求你在做任何决定的时候都富有爱心、仁慈和温柔的声音。好爸爸会客观地看待事物，不以自己的情绪对孩子发牢骚，好爸爸教给孩子：自由、谦虚、平等、豁达。

好爸爸在每天结束的时候，都会想想今天为孩子做了什么，你可以为孩子祈祷今后的未来，你可以为家庭定一个短期目标，或者只是单纯的冥想。因为这一切都符合爱的意义。如果你每天这么做，你就一定会怀着一颗关爱孩子的心与他交流，然后看他快乐地成长。

给好爸爸的悄悄话

每一个爸爸都是爱自己的孩子的，但是很多爸爸却不知道自己的爱究竟正不正确。比如以下几种错误的方式都是爸爸容易走入的误区。

（1）**爱孩子不是溺爱孩子**。很多爸爸整天把"宝贝"挂在嘴边上，不舍得让孩子受一点苦，却不知，长此以往，孩子就会失去很多应该具有的能力，比如关怀他人的能力，学习的能力，面对挫折的能力等等。

（2）**对待孩子应该真诚**。在爱孩子的过程中，好爸爸没有任何虚假的成分，好爸爸知道自己应该跟孩子说什么，不应该跟孩子说什么。好爸爸要对孩子真诚，拉近跟孩子之间的感情。

（3）**放弃对孩子的成见**。很多爸爸虽然很爱孩子，但是总把自己摆在一个高高在上的位置。好爸爸一定要明白一个道理，你跟孩子是平等的，在孩子大时是这样，在孩子小的时候、完全依靠你的时候也是如此。

（4）**不只是给孩子物质**。如今的爸爸，在小的时候大多经历过痛苦、饥荒的年代，深知没饭吃、没衣穿的生活是多么艰难。所以在孩子还没有出生的时候，就给孩子准备好了很多金钱和物质。在孩子成长的过程中，他们还认为，给了孩子物质，就是给了孩子一切。殊不知，这种爱孩子的方法不可取。

第四节　承担起教育孩子的责任

只要我的心还在跳动，我的一生都将贡献给我们社会主义祖国的青年一代的布尔什维克教育事业。

——俄国剧作家奥斯特洛夫斯基

马克·吐温是大家都非常熟悉的美国作家，他的作品常常表现了对资本主义的抨击和讽刺，看起来是个冷漠、没有笑容的人。其实，生活中的马克·吐温是一个非常慈祥的父亲。

他有三个可爱的女儿，马克·吐温把他们视为家里的掌上明珠，在他们的家中，常常充满了欢声笑语，这种和谐、融洽关系的纽带就是作为父亲的马克·吐温。在睡醒午觉后或者是写作累的时候，他就会叫来孩子，给她们讲很多有名的故事，她们常常随便拿起一张画，就开始即兴让孩子们自己讲故事。有时孩子虽然说得前言不搭后语，但马克·吐温还是非常认真地听孩子们讲，从不敷衍。

在马克·吐温的家庭里，他主动承担了教育孩子的责任，甚至把这些当作生活的一部分。他的孩子是幸运的。因为他们的爸爸不仅是一位伟大的作家，还是一位爱孩子的父亲。她们在和谐、幸福的教育方式下成长。

我们每一个普通的父亲，虽然不能都成为伟大的作家，却可以做一位伟大的父亲。父爱的力量是伟大的，父亲的教育力量也是无穷的。

有些父亲碰到一起后，总是抱怨自己的孩子学习不好，自己的孩子体育成绩不好，自己的孩子不懂事……可是你有没有意识到，也许，所有的症结都在你身上。你平常不爱读书看报，为什么指望孩子一生下来就学习很好？你平常不参加体育锻炼，让孩子去跟谁学习跑步？你平常口无遮拦，怎么能要求孩子懂得礼貌？

孩子因为年龄的缘故，行为和意识都没有定型，作为父亲要有一颗教育孩子的心，培养孩子的好习惯和好行为。

苦口婆心的说教并不是高明的教育方法。当孩子学习过后，坏爸爸只会"自作聪明"地说："才学这么长时间就不学了。"其实这给孩子造成了很大的压力和挫败感。而好爸爸会说："功课做完，一定要去外面玩一会儿，让身体和大脑都放松一下，明天上课才更有精神。"或者会说："学习是非常重要的，但是拼命的学习就失去了原本的意义，一点点来，孩子，你已经很棒了，每天坚持学一些就行，把学习变成快乐的事情。"

教育孩子很简单，教育就是爱。

孩子的世界跟大人的世界是不一样的，有时你辛辛苦苦给孩子建立起来的规则根本不奏效。因为孩子眼中的世界跟你的完全不一样。必要时，你应该弯下腰，听听孩子想的是什么，需要的是什么。多从孩子的角度思考问题和解决问题，你会发现，不仅问题解决了，而且跟孩子之间还没有任何隔阂。

教育孩子很简单，教育就是给孩子美好的童年。

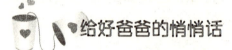

给好爸爸的悄悄话

（1）**教育要从尊重孩子开始**。小孩子都有一定的逆反心理，不仅很多爸爸有时根本忘了自己是在教育孩子，而且变成了教训孩子，达不到教育孩子的效果，还伤害了孩子的自尊心。心平气和是最好的教育方式。

（2）**教育孩子要平等对待孩子**。多站在孩子的立场上想问题，也许那些错误根本不值一提，对于孩子来说，有个美好的童年和爱自己的爸爸妈妈才更重要。

（3）**不要把孩子当孩子来对待**。孩子到了一定的年龄，会有很强的自尊意识和自主意识。一味地把孩子当作小孩子来看，孩子就很难学会自己思考问题和解决问题。好爸爸应该培养孩子树立主人翁的意识，孩子做错了也可以跟孩子商量，不要一味埋怨。

（4）**用事实说话**。事实胜于雄辩，要想让孩子真正信服，好爸爸要善于用事实来教育孩子，口说一万不如手做一件，少讲道理，多摆事实，对孩子的教育作用更大。

（5）**寓教于乐很重要**。玩耍是孩子的天性，在游戏的时候，是孩子神经最活跃的时候，喜欢唱歌的孩子，你就要多让他唱歌，喜欢跳舞的孩子，你也可以多设计一些关于跳舞的小游戏。孩子的天赋往往就是在游戏中培养出来的。

第五节　好爸爸与孩子的妈妈关系融洽

家庭中正常关系的失调，是以后产生精神和情绪的各种病态的肥沃的土壤。

——美国教育学家杜威

伟大的作家莫泊桑成长在一个并不和睦的家庭。他的爸爸妈妈感情不和。他的爸爸是一个商人，妈妈是一个书香门第的大家闺秀。在莫泊桑出生后不久，他的爸爸妈妈就开始了分居生活。

虽然他的爸爸妈妈都非常爱莫泊桑，但是由于他们夫妻关系不好的缘故，莫泊桑因此受到了很多苦，体会到一个不幸的家庭，童年的生活也因此蒙上了一层厚厚的阴影。此后纵使成为了著名的文学家后，莫泊桑依然跟人提起他童年的痛苦。

好爸爸和好丈夫的天职在于能够保卫并保护孩子和妻子。爸爸与妈妈的关系融洽，也会直接影响孩子的价值观与亲情观。好爸爸应该尽量用爱心维护和妻子的关系，用爱来营造自己幸福的家庭，让孩子在爱中学会成长。

好爸爸跟妈妈的关系融洽才能教育好的孩子。如果爸爸跟妈妈整天吵架，孩子也每日沉浸在争吵和烦躁的声音里，怎么能有好的学习状态？怎么能激发不同的潜能？无论在孩子的身体方面还是心灵方面都会对孩子造成难以弥补的影响。好爸爸爱妈妈才会爱孩子，好孩子感受到爱才会爱别人。

好爸爸应该对家有一种至高无上的责任感。好爸爸跟妈妈的关系融洽，就是对家庭富有责任感的表现。只有让那个家庭不仅需要你有稳定的事业，最关键的是需要你的爱和关注。孩子和妻子得到你的关怀和温情，你才能在外面奋斗的道路上更加充满信心和斗志。作风民主、充满情感力量的家庭，孩子会越变越聪明，越来越懂事。

好爸爸跟妈妈教育步调一致。父母是教育孩子最好的老师，但方法不对，却有可能伤害孩子脆弱的心灵。很多爸爸妈妈认为，要管教好孩子，最好是"严父慈母"，一个唱红脸，一个唱黑脸，这样教孩子才有用。有的妈妈对孩子很溺爱，爸爸对孩子很严厉，其实这种方法是极其错误的。在严厉的家长面前，就表现得很老实，战战兢兢，有话也不敢说，但在溺爱他的家长面前，就表现得天不怕地不怕，言行放肆。长此以往，会养成孩子见风使舵、欺软怕硬、看脸色行事的个性。遇事不坚定，对未来性格的塑造极为不利。

好爸爸要跟妈妈互相有独立的地位和生活空间；都有积极的心态，每天太阳升起的时候，都充满信心和活力；好爸爸和好妈妈都要诚实地面对孩子的一切，敢于给孩子提出挑战，可以面对孩子的错误；好爸爸和好妈妈要乐于助人，富有爱心，孩子会耳濡目染好爸爸的行为。

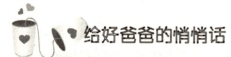

给好爸爸的悄悄话

（1）**父母要保持乐观、开朗、宽容、豁达的生活态度。**不计较得失、豁达开朗不仅是处理外部人际关系的良好心态，更是对孩子情绪按摩、培养的"良药"。相反，如果你成天愁眉苦脸，因为一点小事就乱发脾气，不是吵孩子就是和邻居闹得不愉快，注定会把家庭气氛搅得一团糟。在这种不快乐的家庭氛围下，很难实现民主交流。

（2）**商量和沟通非常必要。**头痛是家庭美满、幸福的第一要义。有事要和家人沟通，在生活上多一些宽容和体谅，少一些责怪和挑剔将会使家庭的气氛更加和谐。父亲在这方面也起着很重要的责任，很多爸爸都认为自己说了算，对其他家庭成员格外挑剔，怎么能塑造和谐的家庭氛围呢？在爱的环境中长大的孩子，才能学会主动去爱别人。

（3）**一家人最好有共同的兴趣爱好。**一家人有共同的兴趣爱好，就有了最容易沟通的"共同语言"。这不仅能丰富家庭的生活，还能和孩子一起享受闲暇的时光，自然能带来轻松活跃的家庭氛围。

（4）**家庭会议是可行的方式。**家庭里可以定期召开一些小型的家庭会议，每个人平常没有时间或者不敢说的话题，都可以拿出来说。在会议上，好爸爸要鼓励孩子说实话，敢于指出家里人的不良习惯，同时爸爸还要和孩子开展自我批评，这样便于不断进步。

第六节　保家护儿是好爸爸
义不容辞的责任

什么是教育？教育本身就意味着一棵树摇动另一棵树，一朵云推动另一朵云，一个灵魂唤醒另一个灵魂，未能引起人物的灵魂深处的变革，那么它就不能称其为教育。

——德国哲学家雅斯贝尔斯

贝耶尔是德国有名的化学家，他的妈妈虽然平凡但很爱他，他的爸爸是一位普鲁士军官。在贝耶尔10岁生日那天，他原以为，爸爸妈妈也会像别人的父母一样给他过一个热热闹闹的生日，但是，生日那天爸爸却没有回来。为此，他感到非常懊恼，跟妈妈表示了懊恼。妈妈边摸了摸小贝耶尔的脸，边对他说："我快要生你的时候，因为早产，还没有到预产期你就要出来，爸爸就抱着妈妈跑啊跑啊，跑了很远才到的医院，医生说，幸亏我们去得及时，才得以保住性命。现在我们都安全了，你也成为一个男子汉了，可是你的爸爸是名军人，他还要在部队保护更多的人呢。"

贝耶尔终于明白了，多年后，他跟别人的谈话中说："我感谢我的父亲，他是我的榜样，也是保护我和妈妈的人。"

保家护儿是好爸爸天经地义的责任。也许，有的爸爸一生都没有值得孩子特别学习和骄傲的事情，但是，最起码要为孩子做到保护他。

孩子是父母生命的延续，也是好爸爸生活的希望和动力，要把一个幼小的生命养大成人是非常艰难的任务，因为一个柔弱的生命要变得健康、壮硕，不仅需要富有营养的食品，还需要温暖、和睦的家庭，不过孩子最先需要的是——爸爸的保护。

在孩子的成长过程中，爸爸是一个重要的角色，研究证明：如果孩子在出生5个月左右，父亲经常和孩子一起玩，就不会造成孩子的眼睫毛反应迟缓，当小虫或异物接近眼睛的时候，睫毛的反射神经就会立刻作用，如果大人与孩子经常交流，孩子的睫毛就不会因为长时间不眨，而轻易使异物进入眼睛。孩子更大的时候，好奇心驱使他迫切尝试外界的一切，好爸爸要承担起保护孩子的责任，让孩子健康的成长。

为人父，一定要明白，钱财对于孩子来说等于一堆白纸，孩子要的是安全、温暖的成长环境。而且孩子越小，越需要爸爸的保护。好爸爸应该给孩子一双有力的大手，让孩子在面临困难时可以看到前方的路途；好爸爸应该给孩子一个坚实的肩膀，让孩子劳累时有一个可以停靠的港湾。

不上班的时候，好爸爸最好能多做孩子的游戏伙伴。孩子的记忆深处贮存着父亲与他在一起的时光，在他们幼小的身体中，不仅有好爸爸无尽的关爱，还有共同游戏、生活中潜移默化的智力、情感和气质，为自己的心智发育汲取了大量的养分。

一个人的健康以及智力发育，其关键就是自己的父母。好爸爸对孩子的保护是孩子茁壮成长的关键所在。保家护儿也是好爸爸义不容辞的责任。

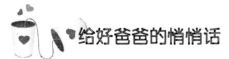

给好爸爸的悄悄话

衣食无忧后，好爸爸最适当的教养和保护，让孩子在父爱中快乐、平安的成长，父亲平时应该多亲吻、拥抱、抚摸孩子，让孩子时时体验到父爱的温暖。

（1）**好爸爸多陪孩子，疾病好得快**。当孩子生病的时候，好爸爸一定要坚强地守候在孩子的身边，因为你的坚强是孩子战胜疾病的有利因素。这不仅是因为父子之间的爱，还与男性本身与生俱来的责任感和坚定信念有关。

（2）**好爸爸加强孩子的安全意识**。活泼、好动、有强烈的好奇心是孩子的天性，他们对事物具有浓厚的兴趣，什么都想看一看、摸一摸。但是，限于他们幼小的年龄，并没有发达的肌肉和协调的动作，因此应避免让幼儿乱碰乱摸，好爸爸要培养孩子预见自己行为的后果的能力，不仅有责任保护幼儿的生命安全，接触不安全的环境，更应该对幼儿进行初步的、最基本的安全指导和教育，来逐步提高孩子排除危险，保护自己的能力。

（3）**好爸爸让孩子远离暑期杀手**。经调查，暑期是儿童意外伤害的高发期，医院的儿童门诊量比平日明显增加。一般来说孩子经常会被5大危险因素伤害，分别是：溺水、烧烫伤、误服药物中毒、吸入物体窒息、玩耍坠楼。好爸爸要在孩子出门前反复强调安全注意事项，让孩子记住自己的电话号码，怎么识别坏人以及避免和陌生人接触等，必要时一定要跟孩子结伴出去。

第七节 不把工作的烦恼带回家

教师要让儿童在没有殴打，没有暴力，没有厌恶的气氛中，总之，在和蔼可亲和愉快的气氛中喝下科学的饮料。

——捷克教育家夸美纽斯

小刚一直是个人见人夸的孩子，比同龄孩子懂事了许多，可自从爸爸经营的公司出现危机，爸爸的脾气就变得越来越不好，在言行方面的错乱给小刚造成了不小的影响，一旦得不到满意的答复或者要求，他便会冲家里人发脾气、摔东西，甚至骂人、搞破坏，不愿同爸爸妈妈说话，搞得家里气氛凝重。

爸爸知道自己有做得不对的地方，但是当小刚发脾气的时候，爸爸总想压制他的火气，可是换来的是儿子对爸爸的冷漠和仇视。万般无奈之下，爸爸也学会了做出让步，装聋作哑，暂时退开，等小刚怒气消散后再与他讲道理，互换见解，而小刚也能心平气和地与爸爸交流，就像什么也没发生一样。

古人说"近朱者赤，近墨者黑"，说的是环境对于人的心理、思维的影响，对于孩子来说，客观环境对其成长有着至关重要的作用。而作为家庭的关键成员——父亲的言行，对孩子的影响更大。家庭的教育，说到底就是环境的熏陶和教育。

如今的父母，舍得花费重金给孩子买玩具、买钢琴，舍得花钱送孩子上最好的幼儿园、请最好的老师，却不知道，如果我们能够从自身做起，多注意自己的言行，就能对孩子的成长起到很好的作用，反之，在家里抱怨、表现得烦躁、易怒对孩子的负面作用也是很大的。

社会的压力越来越大，爸爸在工作中面临的困难也越来越多，难免有时候会把一些不高兴的情绪压抑在心中。回到了家的时候，如果得不到好的发泄，就会把工作的烦恼带给孩子的家人，使家庭的气氛蒙上一层烦躁的阴影。

有的爸爸知道自己的情绪不好，就刻意克制自己的思绪，但同时造成了对孩子的冷漠。你下班回来了，一天没有看到你的孩子赶忙迎上来跟你说话，你却根本没有把心思放在孩子身上，对孩子冷言冷语一句，就不再跟孩子接触了。或许你觉得你不应该对孩子发火，这样做是最好的办法了。其实这是错误的。不拥抱孩子，不和孩子一起玩，把孩子随手托付给妈妈或者保姆。在这样环境下长大的孩子往往也会沾染上冷漠的性格，不关心别人的遭遇，自私自利。许多少管所的少年犯都是因为在不良的家庭环境中，被灌输错误思想造成的。

有的爸爸因为工作的烦恼，常常忽略孩子的进步。孩子每天都会有些小小的进步，好爸爸要照顾孩子的情绪，为孩子高兴，鼓励孩子要更好地做下去。可是沉迷在烦恼情绪中的爸爸却没有心情去关注孩子的进步，或者怕孩子听到夸奖的话就自满得意，不思进取，本来孩子做得挺好，却故意对孩子的行为挑三拣四，让孩子失去对学习、运动的乐趣。

把工作烦恼带回家的爸爸，很容易伤害到孩子的自尊心。好爸爸觉得自己挣钱养家已经很不容易，孩子却还总是犯错误，往往把自己的烦恼迁怒于孩子。有的好爸爸直接把气撒在孩子身上，有的爸爸跟妻子吵架，甚至大打出手，使孩子的心中出现严重的不安全感。对孩子积极思维习惯的形成极其不利。

好爸爸不要总是在孩子面前抱怨工作的烦恼，要给孩子一个稳定和充满爱的环境。

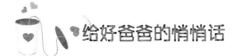 给好爸爸的悄悄话

人都是有情感、懂得爱和生气的高级动物，好爸爸自然也会有心情不好的时候，关键是要找到一种合理转移自己烦恼的方法。作为有理性的好爸爸，应该在适当的场合，采取科学的方法，慢慢排解心中的低落想法。

（1）**好爸爸也可以适当哭泣。**研究证明，哭可以有效地排遣心中的紧张、郁闷、烦恼等痛苦情绪。如果你遭遇了突如其来的灾祸，精神受到了很大的打击，心里感到难以承受时，可以找一个适当的场合放声大哭。

（2）**好爸爸可以跟妻子、朋友倾诉。**当好爸爸的心中满是压力、苦闷、烦躁、抑郁等不良情绪而又没有好方法疏散时，可以积极地向父母、同事、妻子甚至是孩子尽情倾诉，倾吐心中的委屈。消极情绪一旦发泄出来后，精神就会大大放松，压力和烦躁就会慢慢地消除了。

（3）**好爸爸通过活动排解压力。**你的情绪越低落，就越不愿意参加活动。但事实上，参加活动是一种医治烦恼很好的办法。多参加一些适当有益的活动，比如跑步、打球、唱歌、跳舞，都可以使郁积的怒气和不良情绪得到发泄。

第八节　控制住自己的情绪

绝不要把他们教育成闷闷不乐、过早就想变为成年的人。

——苏联教育家加里宁

　　有一个发生在美国阿拉斯加的故事，有一对年轻的夫妇，妻子因为难产死去了，不过孩子倒是活了下来。丈夫一个人既工作又照顾孩子，有些忙不过来，可是找不到合适的保姆照看孩子，于是他训练了一只狗，那只狗既听话又聪明，可以帮他照看孩子。

　　有一天，丈夫要外出，像往日一样让狗照看孩子。他去了离家很远的地方，所以当晚没有赶回家。第二天一大早他急忙往家里赶，狗听到主人的声音摇着尾巴出来迎接，可是他却发现狗满口是血，打开房门一看，屋里也到处是血，孩子居然不在床上……他全身的血一下子都涌到头上，心想一定是狗的兽性大发，把孩子吃掉了，盛怒之下，拿起刀来把狗杀死了。

　　就在他悲愤交加的时候，突然听到孩子的声音，只见孩子从床下爬了出来，丈夫感到很奇怪。他再仔细看了看狗的尸体，这才发现狗后腿上有一大块肉没有了，而屋门的后面还有一只狼的尸体。原来，是狗救了小主人，却被主人误杀了。

我们也常常如此对待我们的同类，遇事先不分青红皂白地大发雷霆，可是当我们了解了事情的真相时，才发现自己的行为并不适当。

人的健康有三大规则：平衡饮食、有氧运动和积极心态。孩子就像你自己行为的一面镜子，你快乐，他也会快乐；你暴躁，他也会暴躁。透过他你就能照出你内心的一切。因此，看似是我们在教育孩子，其实也是在教育自己。你希望你的孩子怎样，自己就应该先尽力做到。从孩子的语言和行为中我们常常可以听到、看到自己的言行。

研究证明，80%的不良情绪来自于身边的家长，最主要的就是家长和老师。**父亲不恰当的教育行为会对孩子的身心健康起到消极的作用，甚至会导致孩子一系列的心理问题、心理疾病，这在心理学上一般被称为亲源性的心理障碍。**

大部分的孩子都会有不同程度的叛逆行为，具有否定性，不认同父母的话，对父母冷淡，甚至发展到公开敌对的状态。父亲的职责是教育孩子，但不是硬碰硬地教育孩子，长期这样，你们的关系必然会越来越恶化。所以，面对孩子的叛逆行为的时候，好爸爸一定要学会冷静，克制住心中的"怒火"。父亲应该尽量与孩子多沟通，交换彼此的看法，学会采纳孩子的意见。实在生气的时候，就想想年少的自己，那时自己不也是这样吗？这样一想，就自然会心平气和了。

让孩子在快乐的时候学习，是最高明的教育方法。因为此时孩子的学习能力最强，学习效果也最好。相反，在孩子情绪低落、精神非常紧张的状态下学习，会更加挫败他们的自信心和意志力。因此唯一的方法就是，好爸爸先把自己的情绪调整好，其次帮助孩子调整好他们的情绪。许多被认为没有天赋、天生比其他孩子差的孩子，其实并非如此，只是教育者的方法不得当。

让孩子在快乐的环境中长大，好爸爸要做到：尽量不要在孩子情绪低落时强迫他做什么；也不要在自己情绪失常的时候教育孩子，这时爸爸很容易就把这种情绪发泄到孩子身上。在家庭中，好爸爸要努力去营造快乐、鼓励的气氛，让孩子有实现感和成就感；好爸爸自身要成为一个乐观、快乐的人。不要因为收不到好的教育成果，就怪孩子没有天赋。一个心胸豁达的爸爸，看孩子也会看到更多的优点，而一个心胸狭窄的爸爸，看孩子也会看到孩子更多的缺点。

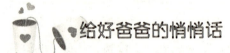 **给好爸爸的悄悄话**

　　好爸爸在克制自己的情绪方面要有一套自己的方法，因每个家庭不同而不同，但也不是说没有基本的规律可循，在情绪低落，十分想发火的时候，好爸爸可以采用理解万岁、少讲道理和换位思考的方式让自己的情绪冷静下来。

　　（1）**好爸爸要多理解孩子**。当你喊孩子回来吃饭时，孩子总会说再玩一会儿。好爸爸不要生气，要理解孩子贪玩的天性，你可以对孩子说："我知道你们玩得正开心，但是饭已经准备好了，也许先吃饭再玩会更好。"这样才会让孩子真正感受到父爱，及时排除孩子的不稳定情绪，孩子随意顶撞父亲的现象就会少得多。

　　（2）**好爸爸不只是讲大道理**。对孩子说明某种要求的时候，简单、直接、明了地说出你的希望就可以了，比如"孩子，爸爸希望你现在就吃饭"之类，这要比"孩子，你不要在吃饭的时候看电视了"和"你不要出去玩"效果好得多。

　　（3）**好爸爸懂得换位思考**。换位思考是消除不良情绪的有效方法。指的就是与他人互换位置角色考虑问题、分析问题。通过换位思考，体会别人的情绪和思想，可以有效地消除和防止不良情绪。

第九节 不夸夸其谈，重视诺言

与新老朋友相交时，都要诚实可靠，避免说大话。要说到做到，不放空炮，做不到的宁可不说。

——全球华人首富李嘉诚

柯立芝是美国第30任总统。1924年，柯立芝为竞选连任总统，以压倒优势击败民主党候选人。共和党的竞选口号是："保持冷静，保持柯立芝。"

柯立芝是一个极为有趣的总统，入主白宫之后，他常坐在前门廊里，晚上在那里抽雪茄，很少述说自己的决策。门肯说："他在五年又七个月的总统生涯中，所做出的最大功绩就是比其他任何一个总统睡得都多——睡觉多，说话少。他把自己裹在高尚神圣的沉默中，双脚搭在桌子上，打发走一天天懒惰的日子。"人们甚至给柯立芝起了一个"沉默的卡尔文"的绰号，柯立芝只说三言两语或者一言不发。

1924年大选时，心急的新闻记者找到柯立芝，问他："关于这次竞选你有什么话要说吗？""No（没有）。"柯立芝回答说。"你能就世界局势给我们谈点什么吗？"另一个记者问道。"No。""能谈一下关于禁酒令的消息吗？""No。"当失望的记者们要离开时，柯立芝严肃地说："记住，不要引用我的话。"

很多人说，柯立芝作为美国总统的价值几乎是零，好像他都没说过什么话，事实上，柯立芝只是说了自己该说的话，而没有多说一句废话，他的很多话后来都成了名言警句。

1919年，他担任马萨诸塞州州长时，波士顿警察举行公共安全的行为，他对此评论道："任何人，不论在任何地方、任何时候都没有权利举行反对公共安全的行为。"这话使他在全美国出了名，对日后当选副总统颇有效力。

古希腊最早的哲人泰勒斯就说过："多说话并不表明有才智。"人有两只耳朵，只有一张嘴，一位古罗马哲人从中揣摩出了造物主的意图：让我们多听少说。我国古代伟大的教育家孔子也主张"君子欲讷于言而敏于行"。

当然，沉默寡言不一定代表过人的智慧，但夸夸其谈而不重视诺言的人一定不会成功。聪明的人一定不会用夸夸其谈表现自己的成功，真正聪明的人会用沉默和大气表现自己的自信。夸夸其谈只会引来别人的反感，重视诺言的人才会有更多的好朋友，才会走得更远。

"要以两倍于自己说话的时间倾听对方的话。"建立了巨大金融王国的罗斯柴尔德家族的家训就是"少说"。首先应该倾听对方的话，建立一种彼此之间的信任关系，才能获得最后的成功。

好爸爸要让孩子做一个重视诺言的人，因为诚信是人生存的第一法则。好爸爸要让孩子明白：一个人要诚信，遵守自己的诺言并去实践它，才能够建立良好的信誉，如果经常说谎，会令你在别人心中的印象大打折扣，甚至在你说真话的时候也没有人再相信你。重视诺言是一枚珍贵的砝码，放上它，生命的天平就会向成功一端倾去；重视诺言是一轮明月，只有与高处的皎洁对望，才能折射出人性美好的光辉。重视诺言不是一个虚伪的外套，而是人心灵中最美的闪光点。

给好爸爸的悄悄话

信用是人的立命之本，立业之基，父母要取信于孩子，不要轻易对孩子许下诺言，但是一旦答应了孩子，就一定要帮助孩子完成，对孩子提出的请求，也要清楚地告诉孩子，是可以还是不可以。

（1）**好爸爸言之有物。**很多爸爸有吹嘘自己事迹的癖好，觉得这样才能做孩子的好榜样，可是你有没有想过，一个连真话都不敢讲的爸爸，怎么让孩子学会履行自己的诺言，实践自己的"海口"。

（2）**好爸爸言而有信。**好爸爸平常用自己的行为告诉孩子，人要言而有信。答应孩子周末去动物园看大熊猫，到时又说自己有事去不了，久而久之，孩子自然不会再相信你，对于你所说的一切，还抱有不屑一顾、不相信的态度。更严重的是，孩子也学会这种说话的方式，对自己的话不负责任和不严谨。

（3）**好爸爸做孩子信得过的人。**成功的爸爸，孩子无论考多少分都会想要告诉你，因为你是孩子信得过的人。不要因为孩子的一次失误而打骂孩子，那只会让孩子失去在你面前说真话的信心。所以好爸爸要鼓励孩子做一个真诚的人，不论在何时何地都要鼓励孩子说真话。

第十节　凡事不轻信，重实践

一个人只有经过东倒西歪的、让自己像个笨蛋那样的阶段才能学会滑冰。

——英国作家萧伯纳

有个日本商人请一位犹太画家上馆子吃饭。坐定之后，画家便取出画笔和纸张，趁等菜之际，给坐在边上谈笑风生的女主人画起速写来。不一会儿，速写画好了。画家递给日本商人看，果然不错，画得形神毕具。日本商人连声赞美道："太棒了，太棒了。"听到朋友的奉承，犹太画家便转过身来，面对着他，又在纸上勾画起来，还不时向他伸出左手，竖起大拇指。通常画家在估计各部位比例时，都用这种简易方法。

日本商人一见这副架势，知道这回是在给他画速写了。虽然因为位置关系看不见他画得如何，还是一本正经摆好了姿势，让他画。

日本人一动不动地坐了约有10分钟。

"好了，画完了。"画家说。听到这话，日本人才松了一口气，迫不及待地凑过去一看，不禁大吃一惊，画家画的根本不是那位日本商人，而是他自己左手大拇指的速写。日本商人连羞带恼地说："我特意摆好姿势，你却作弄人……"犹太画家却笑着对他说："我听说你做生意很精明，所以才故意考察你一下。你也不问别人画什么，就以为是在画自己，还摆好了姿势。从这一点来看，你同犹太商人相比，还差得远了。"

到这时，那位日本商人方才明白自己错在什么地方：看见画家第一次画了女主人，第二次又面对着自己，就以为一定是在画他了。日本商人犯了一个犹太人不会犯的毛病：以为有了第一次，便会有第二次。而实际上，在犹太人的生意经上，明确地写着一条，叫做"每次都是初交"。哪怕同再熟的人做生意，犹太人也绝不会因为上次的成功合作，而放松对这次生意的各项条件、要求的审视。他们习惯于把每次生意都看作一次独立的生意，把每次接触的商务伙伴都看作第一次合作的伙伴。这样做，就不会因自己对对方的先入之见而掉以轻心。

在我们的生活中，守信是一种基本道德，不要轻易相信别人，不要相信来到我们面前，并自称是以色列人的人。

培养孩子独立思考的能力和重视实践的能力一定要从小抓起，如果你在教育孩子的过程中，孩子出现了以下问题，你一定要引起足够的重视了。

有一家公司每年都会推出很多岗位招聘刚刚毕业的大学生，慢慢的，这家公司的老总常常被请到高校去做演讲，教授学生们在求职时的注意事项。这位老板感受最深的是：求职面试时一定不要想当然夸自己，要体现自己的实践能力才最重要。

对于教育孩子来说，也同样是这样，有的人只能说，不能做。有的人说过的话一会儿就忘，都是不重视实践的结果。好爸爸要注重培养孩子不轻信、自己实践的勇气和能力，才会增加孩子在未来社会中的成功砝码。

美国哈佛大学专家们分析说，让孩子从小做家务，有助于培养他们重视实践、吃苦耐劳、珍惜劳动成果、珍惜家庭亲情、尊重他人的优良品质，他们长大以后自然比那些"四体不勤"、只会轻信别人的孩子更有出息。这些专家在对纽约地区456名少年儿童做了长达20年的跟踪调查后发现，爱干家务的孩子与不干家务的孩子相比，前者比后者有更高的实践能力，有更好的思维逻辑，长大后的失业率为1∶15，犯罪率为1∶10，前者比后者的平均收入要高出20%左右。这些调查表明了孩子做家务劳动的量与孩子成才之间有着很强的关联性，好爸爸要注重通过家务劳动培养孩子热爱劳动、注重实践的美德。

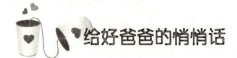

给好爸爸的悄悄话

对于小孩子来说，重视实践不见得是要去完成什么轰轰烈烈的任务，而在于把细小的事情做到位。

（1）**好爸爸安排一些为家庭服务的任务，培养责任感。**扫地、整理床铺、收纳书籍的任务应该让孩子独立完成。在指定为家庭服务的家务时，要注意征求孩子的意见。每次都要让孩子做一些他自己愿意做的工作，即使它意味着改变了你平常做这些事的方式，当孩子主动做了一些事情时，好爸爸千万不要吝惜自己的夸赞，给孩子更多的动力。

（2）**简单的事情尽量让孩子自己完成。**如果他忘记了摆桌子，就一直等这项工作完成后再进餐；如果他没有倒空垃圾袋，那让垃圾一直待在地板上，直到他把它们收起来。让孩子知道没有完成家务的后果。对于没有劳动要求的孩子，家长可以慢慢地培养，有意识地叫他去做一些家务活，比如帮助妈妈摘摘菜、扫扫地等。

（3）**好爸爸不要苛求孩子的事情做得很完美。**孩子做事情不见得都做得很好，好爸爸只需注重孩子实践的过程。对孩子一定要有耐性，千万不要苛求，切忌打击孩子的积极性。

第五章 乐观坚强型好爸爸：
给孩子意志与力量

乐观的孩子，嘴角常常挂着微笑；坚强的孩子，常常有成功围绕在身边。没有经历过哭泣的孩子，不懂得怎么得到笑容；没有经历过失败的孩子，奏不出最美丽的生命乐章。

　　在生活中遭遇严重的疾病或创伤时，有些人会坦然面对，想出很多的办法来克服困难，而有些人则消极避世，把责任都推给别人；在工作中遇到重大的挫折时，有些人能勇于直面问题，努力寻求解决问题的办法，并坚持为之，全力以赴，把失败当成自己止足不前的借口。

　　你希望你的孩子做哪一类人呢？当然是乐观坚强的人！作为一个好爸爸，要重视培养孩子乐观坚强的性格，给孩子顽强的意志与无穷的力量！

● 第一节　乐观的好爸爸，让孩子快乐成长

乐观是希望的明灯，它指引着你从危险峡谷中步入坦途，使你得到新的生命、新的希望，支持着你的理想永不破灭。

——英国生物学家达尔文

海伦·凯勒幼时就患了病，两耳失聪，双目失明。但是她没有放弃生活，在她的家庭教师的帮助下，在大学期间取得了十分优异的成绩。本着这种乐观精神，海伦终于写出了很多鼓舞人心的文字，成就了自己人生的传奇。

对于悲观者，他的世界永远是黑暗的，即使是希望，他也会看到灾难。而对于乐观者，他的世界永远是光明的，即使是灾难，他也会看到希望。每个人都应该乐观，这样生命才会开出更多更灿烂的花朵。

我们每个人刚一来到这个世界时都是一样的。但是随着年龄的增长，随着我们的家庭环境和教育背景的不同，有的人变成了乐观者，有的人则变成了悲观者。不同的态度决定了不同的人生。好爸爸应该非常乐观，并可以将这种乐观带

给孩子，让孩子以积极乐观的态度面对生活。

　　乐观积极的生活态度不仅有助于孩子的身体发育，更重要的是有助于促进孩子的身心健康，使孩子每天都处于乐观积极的精神状态中。孩子的身心健康对孩子的成长至关重要，这直接影响到孩子未来的世界观、人生观以及价值观。因此培养孩子健康向上的心理状态应是孩子早期教育的重大使命。孩子乐观向上的心态越早形成，就越能影响孩子未来的发展方向。孩子会更加自信自立自强，会不怕困难和挑战，会充满勇气和力量，心态会决定孩子将来的各种成绩。乐观向上的心态可以视为孩子实现理想取得成功的制胜法宝。所以，乐观心态的形成是家庭教育中相当重要的一部分。

　　培养孩子乐观的生活态度，并不只是十分生硬地告诉他要乐观这么简单。真正全面地解读乐观，并且用行动说话，让孩子真正地心领神会才是最重要的。所以好爸爸一定要多和孩子沟通、交流，了解孩子的想法，可以讲一些有关心态问题的小故事，用比喻、假设、对比的方法，让孩子真正意识到心态的重要，自然而然融入乐观心态的培养当中。

　　如果孩子在生活中遇到困难而悲伤沮丧了，好爸爸千万不要批评或呵斥，应该仔细听孩子讲述事情的原委，肯定孩子的勇气，再告诉孩子正确的心态。乐观的爸爸一定会说："我们家宝贝其实特别棒，比你老爸强多了。遇到困难还是这么坚强。宝贝要相信任何高山都是可以征服的，任何困难也都是可以克服的。要相信自己，要肯定自己，这样就更棒了！"这样孩子会慢慢从悲伤沮丧走出来，恢复良好的精神状态。

　　乐观的好爸爸就是要经常与孩子谈心，仔细观察孩子的心理状态。孩子遇到困难时不仅要正确教导，提高孩子的心理素质，自己也要身体力行。好爸爸对自身和家庭等问题时也要时刻充满信心和希望，起表率和示范的作用。这样，孩子会在潜移默化中形成乐观积极的心态，快乐地成长。

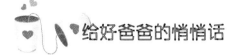 给好爸爸的悄悄话

好爸爸一定要意识到乐观的心态的重要性。应从孩子成长过程中的各个方面培养起孩子乐观的性格和心态。好爸爸应做到以下几点：

（1）坚持正面教育原则，多表扬、鼓励，少批评、说教。要培养孩子的乐观心态，好爸爸就必须对孩子充满信心和希望，要相信孩子有培养前途，将来一定能取得好成绩。否则，父母对孩子的失望是很容易在日常生活中流露出来的。不经意的言谈与行动，都会影响到孩子对自身的看法，这并不利于孩子的健康成长。

（2）多给孩子建立成就感。孩子的成就感，很大一部分都是来自好爸爸的鼓励和精神支持。多表扬、鼓励，多肯定他们所取得的成绩，能更快地塑造孩子的成就感。有些孩子缺乏成功体验，还经常受到父母的责骂，怎么能建立其足够的成就感呢？

（3）好爸爸可以带着孩子游玩或看一些励志的影片。这样做可以使孩子感受到生活的美好，使孩子对生活充满希望。渐渐在成长中消除悲观情绪，时刻保持乐观。热爱生活，热爱生命。

（4）好爸爸也可以多培养孩子的兴趣点。比如让孩子学习音乐或舞蹈等艺术。其实音乐、舞蹈艺术是一种很神奇的东西。它可以陶冶性情，使孩子陶醉其中，找到其中的快乐，并逐渐发现自己，提升自己，找到自己的价值。这对培养孩子乐观的情绪是十分重要的。

第二节　培养孩子的自信心，保持乐观心态

自信是成功的第一秘诀。

——美国文学家爱默生

从前有一只小老鼠，它觉得自己特别渺小，看不起自己，一直希望找到世界上最大的东西。它抬头一看，心想什么最大啊，那就莫过于天了。所以小老鼠觉得它的目标就是找到天的真谛。天那么辽阔，肯定无所畏惧。于是它就问天："天啊，你什么也不怕，我太渺小了东西，你能给我勇气吗？"天告诉它说："不是啊，我也有怕的，我怕云。因为云是可以遮天蔽日的。它可以遮住太阳和天空。"

小老鼠觉得云更了不起，就去找云，说："你能遮天蔽日，你是最大的力量了吧？"

云说："不啊，我怕风，大风一吹，就云开雾散了。所以我也有怕的东西。"

小老鼠又跑去找风，说："你的力量应该最大了吧？天地万物都挡不住你。"

风说："我也有怕的东西，我怕墙。地上的墙我是吹不过

的，它比我厉害。"

小老鼠就去找墙，说："你连风都能挡住，你是不是世界上最强大的？"

但墙却说出了令小老鼠十分吃惊的话，墙说："我最怕的就是老鼠了，你们老鼠啊，会在我的根基上一点一点咬出好多洞，总有一天，我会因为你们弄的老鼠洞而轰塌的。"

在这个时候，小老鼠明白了，原来这个世界上最了不起的就是它自己。

小老鼠起初没有自信，觉得自己很渺小。在我们每个人的成长过程中，也许都曾当过或正在当那只小老鼠。对自己没信心，对生活没信心。好爸爸应该承担起使孩子树立自信心的职责，多培养孩子积极乐观的心态，让孩子自信乐观地成长。

自信是一种心理暗示。它可以给人勇气和力量。使孩子能够时刻相信自己，肯定自己。孩子的自信心应该从小抓起。越早培养，就会使孩子越坚强越勇敢，越不怕困难和挫折。这对孩子的未来至关重要。自信乐观的孩子，总能发现自己的优点和长处，从而找到前进的动力，从而不断挖掘自己的潜能。这可谓是孩子将来获得胜利取得成功的关键因素，帮助孩子树立自信心，无疑是教育中必不可少的部分。

孩子的自信心是需要一个很长的时期来塑造的，好爸爸不能在孩子面前表现出畏首畏尾的样子，要在潜移默化中影响孩子，使孩子逐渐树立自信。平时，好爸爸要多说一些鼓励的话，比如"孩子，你真棒，你一定能行"之类的鼓励。

好爸爸要善于观察孩子，要与孩子多交流。一旦孩子有什么做错的或不敢做的事，不要责备和呵斥，要坚持正面教育，多表扬，多鼓励，宽容和尊重孩子。这对孩子树立起自信心是至关重要的。只有多鼓励，多赏识，孩子才会越来越相信自己，越来越肯定自己，这样孩子才会有信心有勇气大步地向前走。

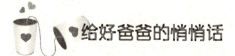

给好爸爸的悄悄话

好爸爸一定要意识到自信对孩子的重要，要从多方面多角度培养孩子的自信，保持乐观的心态。

（1）**好爸爸让孩子独立完成他力所能及的事**。好爸爸不应该娇惯孩子，自己的事自己做，这就要培养孩子的独立和自理能力，培养孩子的自信心。比如吃饭穿衣这样的小事，甚至还有一些简单的家务，都可以让孩子尝试着去做。这样逐步会消除孩子的依赖心理，孩子会越来越相信自己。如果做不好，好爸爸也可以不批评，只是正面地指导，提供给孩子学习和发展的机会，让孩子自信和乐观地面对生活。

（2）**好爸爸要和孩子彼此信任，信任是自信的基础**。好爸爸要和孩子彼此信任。好爸爸要了解孩子心里在想什么，信任是自信的基础。要经常肯定和鼓励孩子。要让孩子知道，只有相信自己，才会翻越一座又一座的高山，才会不怕任何风霜和雨露。要让孩子知道，自信是成功的基础。

（3）**通过适当的挫折教育，可以增强孩子的自信心**。人生之路不是一帆风顺的，挫折和失败在所难免。如果要想让孩子在将来有所成就，不仅要让他们在人生之初就体验成功，更要让他们在后来的学习生活中适度地承受挫折。在挫折和失败中磨炼出来的自信，才是持久顽强的自信。

跟成功与自信一样，挫折和失败也是人生必不可少的一个组成部分，要让孩子学会在挫折和失败中变得更加勇敢和坚强。只有那些能够不断超越和战胜自我、具有不屈不挠奋斗精神的人，才有可能赢得最后的胜利。

（4）**让孩子敢于表达自己想说的**。

朋朋小朋友对画画很感兴趣，于是他的爸爸经常带他去看画展，并鼓励他积极思考，发表自己对作品的看法。一次爸爸带朋朋去参观画展，但事先并没有告诉朋朋这是一个个人画展。爸爸领小星星转了一圈后，故意问他："你觉得哪些画风格比较好？"

"我觉得这好像是一个人画的，画得都很好。"朋朋有点疑惑地说。

"是吗？你觉得好在哪里呢？没关系，你尽管说。"爸爸仍不忘鼓励朋朋。

朋朋说："布局好，气魄大，大胆，用笔也好。"爸爸满意地笑了。

生活中我们见到很多孩子，即使自己心中有很好的答案也不敢说出口，但是故事中的朋朋却大胆地说出了自己的见解，这自然与爸爸平时鼓励他积极思考和大胆表述是分不开的。

因此，父母要鼓励孩子敢于发表自己的看法。有时孩子的意见并不完全正确，但是父母最好等孩子表达完毕后再告诉孩子哪些是错误的，应该改正。如果总是在中途打断孩子，很有可能，下次孩子就不会愿意跟你分享他的想法了。

对于孩子提出的个人想法：正确的意见，父母应该肯定、表扬，让孩子增强发表意见的信心；对于孩子不太合理的意见，父母要用和蔼的态度给予纠正，并且尽量给孩子分析清楚原因，以避免他们接受稀里糊涂的指导。

第三节　舍得让孩子吃苦，培养孩子坚强的意志

谁有历经千辛万苦的意志，谁就能达到任何目的。

——希腊诗人米南德

一只母鸡捡到一个鹰蛋，把它带回去和自己的蛋一起孵，小鸡和鹰一起成长，鸡妈妈待它视同己出。一天，一个猎人经过，一眼就看出了那只鹰。虽然那只鹰走路和觅食的神态已经和小鸡差不多了。

猎人对鸡妈妈说："这是一只鹰呀，你应当让它成为真正的鹰！"

鸡妈妈说："它是我的孩子。"

猎人对鹰说："你是一只鹰呀！"

鹰说："你弄错了，我是一只鸡。"

于是猎人把小鹰带到一个小土堆上，把小鹰举高，然后撒手，小鹰"扑棱棱"落在地上，然后迈开母鸡般四平八稳的步子。

猎人有些失望，但还是把小鹰带到更高的土堆上，把小鹰举高，然后撒手，小鹰"扑棱棱"又落在地上，还是迈开

母鸡般四平八稳的步子。

猎人有些遗憾，但他说："我们再试一次！"于是猎人把小鹰带到悬崖边，对小鹰说："这次就看你的造化了！"说完把小鹰举高，然后撒手，小鹰"扑棱棱"直掉下去。突然快要着地时，小鹰奋力地扑扇自己的翅膀，扇动着，扇动着……终于，小鹰飞了起来，就像一只真正的鹰那样，猎人欣慰地笑了。

请爸爸们深深地反思一下：您是否像那母鸡一样，把孩子带在自己翅膀下？

越王勾践卧薪尝胆，最后终于打败吴国，一雪前耻；张海迪面对残疾，仍然奋发图强，终于成就了不朽的精神；爱迪生不怕失败，终于经过一次又一次的尝试，创造了许多伟大的发明。

古往今来，无数仁人志士因为坚强的意志而成就了很多伟业。正所谓"吃得苦中苦，方为人上人"。看来我们想要取得成功，就不能缺乏坚强的意志。

在我们每个人的成长历程中，都会遇到很多困难和挫折。由于先天性格和后天培养的不一样，有的人意志力比较坚强，有的人意志力比较薄弱。这直接导致了有些人成功有些人失败。好爸爸要从小培养起孩子坚强的意志，为孩子获得成功奠定基础。

意志是人们为了实现自己的目标而在行动中克服各种困难的心理状态。成功的人都有一种可贵的品质——坚强的意志。它是行动的强大动力。它有助于使孩子克服困难，一步步迈向成功。有些孩子因为年龄小，自制力和意志力都较差，无法养成良好的习惯。好爸爸要培养孩子坚强的意志力，使孩子明确自己的目标和方向，让孩子懂得坚持的意义，做事情善始善终，有头有尾。这样有助于一步步实现目标，走向成功。因此培养孩子坚强的意志力是好爸爸的重要使命，这对孩子的一生都具有极大的意义和价值。

培养孩子的意志力，要从小事做起。正所谓"千里之行，始于足下"。急于求成，反而会产生负面影响。正所谓习惯是一种强大的无形力量，它可以影响孩子的学习和生活。所以习惯需要时间来养成，这也就是在无形中磨炼了意志。比如养成良好的作息习惯，吃饭睡觉都能约束自己等等。这样，好爸爸从日常生活中训练孩子，也就为孩子形成坚强的意志奠定了基础。好爸爸还可以与孩子一起做感兴趣的游戏，让孩子做简单的家务活，这些都会增加给孩子锻炼自我的机会。好爸爸要舍得让孩子吃苦，孩子只有经历过困难和挫折的洗礼，才会使自己的意志越来越坚强。

如果孩子遇到了一些较困难的事不敢去做或者半途而废，好爸爸一定要悉心教导。让孩子尝试着去做。不能因为溺爱娇惯而使孩子丧失面对困难的能力，什么都不去做。要让孩子知道吃苦也是一种幸福，今日的苦是为了明日的甜。这样孩子才会在困难面前学会战胜自己，用坚强的毅力和意志克服一切障碍。

好爸爸要以身作则，给孩子制定一些明确的规则，和孩子一起坚持。有时孩子会灰心丧气，这时候好爸爸要耐心地给予鼓励和支持，告诉孩子再往前迈一步也许就是海阔天空。好爸爸不要把自己的意志强加在孩子身上。要让孩子发自内心的接受，逐渐懂得坚持的重要性。要让孩子敢于吃各种苦，不怕困难和打击，逐渐培养起坚强的意志。

给好爸爸的悄悄话

爸爸保护子女，不让子女受到伤害，是再正常不过的人之常情。但是，在爸爸过度保护下的孩子，学习和面对困境的能力都很弱。孩子需要有爱心的父母，可是孩子更需要会正确使用爱心的父母，那么，父母对孩子的过度保护会对孩子造成哪些不良影响呢？

（1）影响孩子的社会性。父母对孩子的过度保护等将年幼的孩子过早地孤立了起来，使孩子失去了最初学习人际交往的机会。在孩子的狭窄世界里，父母是人生的主角，而很少任何其他成员，缺失了集体观念。长期发展下去，孩子不仅仅会失去友情，还会失去与外界相处的能力。如果孩子不知道如何与人交往，就会被社会和集体排除在外。

（2）**压制孩子的求知欲和学习动机。**很多父母把孩子各个方面的事情都处理完好，却不知道这样会抑制孩子学习的动力，降低了他对外界事物的兴趣和好奇心，并削弱了他探索外界事物的主动性、积极性和意志力。

（3）**限制儿童的智力发展。**过度保护实际上限制了孩子的心智发展。孩子在父母的保护下很少有机会去探索。总是不懂得动脑、动手的孩子，进入社会后就很容易变得软弱和懒惰。这种人格缺陷比身体的缺陷更可怕，会让孩子在社会竞争中惨遭淘汰。

第四节　克服胆怯，赐予孩子力量

谁胆怯了，谁就被战胜了一半。

——中国作家佚名

一只小老鼠总是愁眉苦脸，因为它非常怕猫。天神非常同情它的遭遇，便施法把它变成一只猫。老鼠变成猫后又非常怕狗，天神就把它变成狗，但它又开始怕老虎，天神就让它做老虎，但它又整天担心害怕会遇上猎人……最后，天神只好把它又变回老鼠，说："不论我怎么做都帮不了你，因为你拥有的只是老鼠胆！"

老鼠也许天生就是胆小的，因为它无法克服自己的胆怯心理。所以无论它成为什么，它都无法面对比它强大的事物。没有战胜自己，就无法战胜任何人。

胆怯是心理脆弱的一种表现，是一种与勇敢相悖的性格倾向。这种现象在孩子当中是比较常见的。在每个孩子刚刚出生的时候，孩子的胆量就是不一样的。但是先天只是决定了一部分，后天的影响更为重要。由于家庭环境和教育方式的不一样，有些孩子就比较勇敢胆大，有些孩子就很胆小怕事。所以孩子的胆量需要训练，好爸爸要教孩子克服胆怯，给孩子力量。

孩子早期的心理健康对孩子的未来十分重要。孩子的胆怯心理无法克服，就会使孩子缺乏自信，遇到困难和打击，就会退缩逃避，没有勇气，没有信念，那么孩子就不会有光明的未来。因此胆怯心理就是孩子成长路上的绊脚石，是影响孩子发展的障碍。只有将这种障碍扫除了，孩子才会有主动性，有信心和力量去大胆追求自己的幸福。因此好爸爸帮助孩子克服胆怯是教育中必不可少的，当然这也不是一朝一夕就可以完成的目标，帮助孩子克服胆怯是一个长期的过程。并且要根据规则有序地进行。

有些孩子从小就内向，不爱说话，害怕在人前表现自己。不愿意和他人正常交流，更不会主动向别人表达自己的想法。这就是孩子胆怯心理的表现。如果不及早克服，孩子的胆怯心理极容易演变为自闭症。到那时就更难帮孩子纠正了。好爸爸要帮助孩子克服胆怯，树立自信心。孩子自信了，就不会害怕外面的世界，就会大胆和别人相处，敢于面对生活。

好爸爸千万不要在家里营造出严肃紧张的氛围，家庭环境要轻松要舒畅，孩子才敢抬起头来和人交流，才敢于表达自己。好爸爸要经常鼓励孩子，肯定孩子，给孩子树立自信心。好爸爸要经常夸赞孩子身上的闪光点，积极正面地给予评价，使孩子意识到自己的长处和优势。好爸爸不要操之过急，慢慢来，和孩子一起去克服。多给孩子表现的机会，多让孩子与人正面交流，提高孩子的胆识，克服胆怯心理。

孩子变得胆大、变得充满自信应该是一个长期努力的过程。好爸爸一定要做好心理准备。一旦这个过程过去了，孩子就会变得有勇气和力量，就会敢于接受挑战。这需要好爸爸的耐心和恒心，坚持和毅力。相信好爸爸为了孩子美好的明天，一定可以帮孩子克服胆怯，给孩子信心和力量。

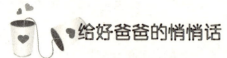 给好爸爸的悄悄话

好爸爸为了克服孩子的胆怯心理，就要从小事着手，从生活中的点点滴滴积累。

（1）**好爸爸要提高认识，树立让孩子独立的观念。**好爸爸要明白，孩子有他自己的人生路要去走，在孩子幼年的时候，父母可以多帮助孩子，但是随着孩子年龄的增大，终有一天他要独立面对生活中的风雨。一定要让他明白一切都要靠自己的道理，没有谁能够帮他一辈子。因此，溺爱是对孩子的教育中最不好的方式，要培养一个人格独立的孩子，要从纠正自己错误的教育方式着手。

（2）**好爸爸不要用过激的言辞威胁孩子。**孩子有时不听话，家长就容易使用过激的言辞，来吓唬孩子，觉得用这种方法孩子就会听话。其实这样反而会增强孩子的胆怯，孩子更会蹑手蹑脚。好爸爸要给孩子正确的启示，用正确的方法引导孩子。无论什么问题或错误，都试着使孩子勇敢地面对。

（3）**好爸爸让孩子多参加活动。**无论是室外活动，还是有关舞蹈绘画等的文艺活动，都应该鼓励孩子积极参加。让孩子有更多表现自己的机会。孩子会在锻炼自己表现自己的过程中提高自信心，逐渐克服自己的胆怯心理。

（4）**好爸爸给孩子更大的交往范围。**积极鼓励孩子去和别的小朋友玩耍，孩子多与人交往，会找到其中的快乐，甚至找到自己学习的对象。逐渐适应群体生活，逐渐变得胆大勇敢。这样孩子就会慢慢克服自己的胆怯心理，克服自己的心理障碍，有信心有力量去面对生活。

第五节 在孩子害怕时，紧紧地握住他的小手

困难中给予的力量是巨大的。

——中国作家史铁生

从前在森林里，一只鸟妈妈孵出了很多的蛋，那些小鸟一个个破壳而出，十分可爱。渐渐的，小鸟可以自己飞翔了，可是鸟妈妈发现自己的孩子都能勇敢地飞起来，只有一只一直不敢飞。鸟妈妈非常了解自己的孩子，它知道自己的孩子需要给予力量。于是鸟妈妈就每天陪着那只小鸟一起飞，鼓励小鸟，告诉它飞翔的快乐。终于经过一次又一次的试飞，小鸟终于成功地飞向了蓝天，小鸟特别地开心，鸟妈妈也非常开心。

这是一个很简单的小故事，但却告诉我们一个深刻的道理：小鸟尚且需要力量，更何况我们人呢。孩子更是需要力量，有了力量，才会自由地飞翔。

孩子往往是非常脆弱而胆小的，一旦遇到害怕的事，更是容易望而却步。但是环境和教育的不同，往往可以使孩

子克服这种心理。而这就需要力量。尤其在困境中得到的力量，更是巨大的。好爸爸是孩子心中的伟大力量，好爸爸要在孩子遇到害怕的事时，紧紧地握住孩子的小手，给予孩子关怀，使孩子在困境中仍能看到希望，看到曙光，有勇气和信心走过泥泞，到达成功的彼岸。

孩子在遇到害怕的事时，往往显得束手无策，举足不前。好爸爸要紧紧握住孩子的小手，这样孩子就会感到一种温暖，一种呵护，就会充满力量，增强渡过难关的勇气。孩子一旦拥有了好爸爸的这双大手，就会在温暖下勇敢地前行。以后即便离开了好爸爸的这双大手，也能够依靠自己日渐丰满的羽翼，飞到自己想到的地方。不再胆怯的孩子不会再退缩，会越挫越勇，越来越所向披靡。孩子总有一天，会凭借自己的力量实现目标，成就梦想。因此好爸爸的这双大手是十分必要的。好爸爸的力量对孩子来说是无穷的。

有些家长觉得处处帮助孩子，就是一种溺爱，这样的爱会害了孩子。其实有效的帮助和溺爱不一样的。孩子的经历毕竟是有限的，孩子的心理素质也往往是非常脆弱的，在困难面前，在害怕的事面前，如果这个时候好爸爸不给予力量，孩子的心理状态就会越来越消极，就会越来越没有信心和勇气去面对失败和挫折。好爸爸紧紧抓住孩子的小手，就会让孩子感受到自己不是一个人，自己不是孤单的，有了爸爸这样的依靠，自己就一定会达到彼岸。有时好爸爸的一个眼神，一个表情，一个微笑，对孩子来说力量都是无穷的。这就好比向孩子的黑暗的心房一下子照耀了阳光。孩子会感到无比温暖，因为好爸爸的大手变得越来越强大。

也许就是那么一瞬间的搀扶，一瞬间的力量，会给孩子一生的温暖。好爸爸永远要站在孩子身边，孩子害怕时，握住孩子的小手，帮助孩子走过去，告诉孩子他是最棒的，他是爸爸的骄傲。这样，孩子逐渐会脱离好爸爸的大手，会敢于自己飞翔。即便有风雨，即便有风浪，孩子也会因为好爸爸曾经的大手而坚强勇敢地渡过难关。

给好爸爸的悄悄话

紧紧握住孩子的小手，孩子就不会再害怕。**好爸爸应该深刻意识到自己所能给予孩子的力量可以让孩子战胜胆怯，会使孩子越来越强大。**这不是一味地溺爱。好爸爸需要正确的方法去引导，了解孩子，鼓励孩子，给孩子自由的空间，才能让孩子自由地飞翔。

（1）**好爸爸和孩子一起参加户外活动。**好爸爸可以利用空闲时间和孩子一起参加爬山、野游等户外活动。在活动的过程中，孩子难免会遇到困难，会遇到自己害怕的事。要及时帮助、鼓励孩子，给孩子以信心和力量，提高自己的心理素质，增加自己的信心和勇气。

（2）**好爸爸适时转移注意力。**很多小孩子很害怕打雷和闪电，聪明的好爸爸会在即将打雷时告诉孩子："天上的雷公要和孙悟空打架了，你希望他们谁赢啊？我们来打个赌怎么样？"这样说完之后，孩子会觉得本来恐惧的事情一下子变成了一部动画片。不要总是提醒孩子"害怕"这个词，多用正面的事情引导孩子。

（3）**好爸爸多让孩子参与实践。**好爸爸多给孩子实践的机会，孩子会在实践中获得宝贵的经验。一旦孩子遇到什么困难，好爸爸要用正确的方法指导，给孩子指明方向。孩子会感受到来自好爸爸的力量，会更加勇敢地走下去。

第六节　教孩子直面失败

我的那些最重要的发现是受到失败的启发而获得的。

——英国化学家戴维

一块亚麻布放在桌子上，质地很好。"我将会被作成一件漂亮的外套！"它很自负。

突然，它注意到一件扔在旁边的旧外套，就嘲弄地对旧外套说："真替你悲哀，你这块可怕的旧布，多么单调的样子！"

几天过去，亚麻布被主人缝成了一件外衣，但当它出去的时候，还是披上了那件旧外套。当新上衣认出旧外套时，它充满了不满。"你怎么变得如此重要，要在我的外面？"它质问道。

旧外套回答说："一开始，他们把我带到洗衣间，用棒槌重重击打我，把灰尘、沙子和泥土都打了出来。当一切都结束时，我对自己说，这都是值得的，因为我又变干净了。正在这么想时，他们又朝我泼来一壶热水，然后又是一壶温水。突然我看到自己成了一件漂亮的外套！这时我才意识到一开始受苦是有价值的。我也许曾经是一个失败者，但是我敢于面对，敢于坚持，现在终于品尝到了成功的滋味。"

生活就是如此，我们也会经历很多拍打和挫折，经历很多失败。但只要敢于直面失败，不怕失败，在哪里摔倒就在哪里站起来，那么生活一定会迎来阳光灿烂的日子。

孩子是脆弱的，往往经不起失败的打击。面对失败，往往会一蹶不振，不敢直面，习惯性地选择逃避。好爸爸要使孩子克服这种心理，去直面失败，直面挫折。生活中会有各式各样的失败，好爸爸不应该让孩子因此而止步不前，要让他们知道成功是需要付出代价的。失败乃成功之母。好爸爸教孩子直面失败，会影响孩子一生的思维习惯。要让孩子知道，面对失败和打击，要采取的是积极乐观的人生态度，要增强战胜困难直面挫折的信心和勇气。只有这样，才会在人生的道路上找到自我，不怕风雨的打击，才会越挫越勇，扬起成功的风帆。

直面失败，孩子会逐渐在失败中总结自己，反思自己。用好的心态面对成长中的难题。逐渐就会积累起解决问题、分析问题的能力和素质，会增强自己的心理素质，会树立自信，发挥创造力。这些都是对孩子的未来至关重要的。如果一遇到失败就选择退缩和逃避，那么孩子永远不会有成功的机会，永远是那么脆弱，不会变得强大。教孩子直面失败，是家庭教育的重要组成部分，是不可或缺的一部分，是为孩子赢得美好未来的关键的因素。

不经历风雨，怎能见彩虹，每个人的人生路上都不是一帆风顺的。没有谁可以一生顺顺畅畅地度过。失败就好比江河被撞击，虽然是一种阻碍，但是却因此汹涌澎湃。人生也是如此，有了失败，才会有精彩，生命的乐章才会更加响亮。好爸爸要让孩子知道失败并不可怕，只要敢于面对，就会总结很多经验，那就是很宝贵的财富，下一次就不会再在同样的地方跌倒。

美国总统林肯，他的一生十分曲折，他21岁时在生意上遭到失败，22岁参加议员竞选失败，24岁再次生意遭受挫折，26岁时心爱的人死了，27岁时精神崩溃，34岁时参加国会竞选失败，45岁时竞选参议员失败，47岁时竞选副总统受挫，49岁竞选参议员失败，52岁时当选美国总统。我们能说这个人就是失败的吗？他是失败过，他失败的次数远远多于成功，但是当失败量变到一定程度的时候，就会发生质变的成功。林肯敢于面对失败，有勇气走出失败的阴影，终于作出了巨大的成就。

好爸爸要让孩子直面失败，给孩子信心和力量。这样，才能在未来的人生路上越来越勇敢，越来越无畏，才会更加有理想和抱负，才会实现自己人生的价值。

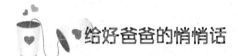 **给好爸爸的悄悄话**

教孩子直面失败，是好爸爸的一种使命，是必须完成的使命。也要从小事着手，了解孩子，鼓励孩子，给孩子成长的信心和力量，使孩子快乐地成长。

（1）**好爸爸教给孩子积极的思考意识。**某杂志曾经提到过这样一则故事，说有一青年去医院看病，医生错误诊断他患有癌症。于是他就坚信自己患了癌症，整天惶惶不安，夜不能寐。一年后，他再去医院复查，发现真的患了癌症。这个例子说明了意识可以左右事物的发展。把孩子扶起来，不如告诉孩子怎么自己站起来更有用。

（2）**失败并不可怕。**每学生在考试时，越是怕考不好就会越紧张，越紧张就越不能很好地发挥。个人当然都希望成功，但对失败我们要做好最坏的打算，从最好处着眼，从最坏处准备，这样才能立于不败之地。即使失败了，也可以让孩子自豪地说："我虽然有很多次失败的经历，但是我从中学到了很多东西，我并没有白过。因为失败意味着我与成功之间的距离缩短了，失败已把成功的希望带给了我。"

（3）**让孩子学会主动承认自己的缺点。**人们常常因为自身的某个方面不完美，拒绝自己的本来面目，因为怕"丑"而竭力装扮或伪装自己。这在某种程度是一种与生俱来的虚荣心，但它会成为沉重的心理负担，所以要以积极的态度对待生活和缺点，让孩子知道每个人都有长处，也有短处，是正常的，只要尽量克服，做好最好的自己的就可以了。

第七节 给孩子一双飞翔的翅膀

只要有坚强的意志力，就自然而然地会有能耐、机灵和知识。

——俄国文学家陀思妥耶夫斯基

从前有一个小女孩，由于意外事故，失去了自己的双臂。爸爸依靠打零工来支撑家里的开销，而妈妈却因为受不了打击，患上了精神病。这个小女孩并没有选择放弃对生活的希望，用脚学会了写字、吃饭、洗脸、穿衣。更加难得的是，她经过刻苦的努力，在残疾人运动会上取得了骄人的成绩，并且获得了参加奥运会的机会。她的人生从此翻开了新的一页。

这个小女孩没有因为不幸而放弃对生活的热爱。而是凭借着自己坚强的意志，向命运抗争。用自己不肯放弃敢于拼搏的精神获得了成功。

这个故事说明了人的意志的重要。孩子因为年龄小，经历少，难免就会意志薄弱。但是意志力是可以培养起来的，这种培养并不一定需要困难的环境，只要用正确的方法，积极地引导孩子，意志力就是可以培养起来的。好爸爸要多培养孩子的坚强意志，让孩子坚强勇敢地面对困难，面对风雨。

孩子有了坚强的意志，就像有了一双翅膀，就不会害怕风雨的打击，会在自己的天空中自由翱翔。每个人的一生中都不是风平浪静的，都会充满风雨和打击。有些人因为意志力薄弱，经不起风雨的打击，很容易就在困难中倒下去，这样的孩子是很可悲的。但是如果好爸爸正确地引导孩子，培养了孩子的坚强意志，孩子就会因此变得强大，就会以更加乐观的心态面对人生和人生中的失败。这样孩子才会扬起自信的风帆，有信心和力量战胜一切。因此孩子意志力的培养是十分必要的，它关系到孩子的未来，也是孩子取得成功获得胜利的关键因素。

性格决定命运。有积极乐观的心态就会决定一个人的未来。有着坚强意志的孩子，不仅可以培养起良好的行为习惯，也会时刻约束自己，知道自己该做什么，不该做什么，知道为自己的行为负责。有了自己的方向和目标以后，就会坚持到底，就会以自己坚强的意志去完成它。会有良好的自制能力，会自觉，果敢，做事有始有终。这样的孩子将来会凭借坚强的意志有所作为。好爸爸如果可以培养孩子坚强的意志，孩子就会飞向成功的彼岸。

正所谓千里之行，始于脚下。想利用很短的时间就培养孩子的坚强意志是不可能的。好爸爸要有耐心，有恒心，一步步帮助孩子培养起坚强的意志。有时候，孩子做事容易半途而废，做着做着就放弃了。在这个过程中，好爸爸要帮助孩子正视困难，克服困难，告诉他坚持的意义。这样孩子会逐渐学会自我调节，会逐渐克服自己的心理障碍，会懂得坚持的意义。让孩子具有坚强的意志，给孩子飞翔的翅膀，孩子就会有属于自己的天空。好爸爸也要以身作则，自己做任何事情也要持之以恒，以坚强的意志渡过生活中的难关。

给好爸爸的悄悄话

好爸爸要意识到坚强意志的重要，了解如何用正确的方法去教导孩子。培养孩子坚强的意志，就等于给了孩子一双翅膀，给了孩子飞翔的力量。

（1）**孩子刚开始动手实践时，常常会把事情搞糟，但是我们不要呵斥孩子，孩子们的积极性是很脆弱的，要学会保护孩子的兴趣。**另外，在孩子遇到困难时，好爸爸要耐心地把动作解释清楚，并且亲自做示范，然后再让孩子自己练习。我们要清楚，也许孩子给出的结果并不能令我们十分满意，但是，孩子在动手的过程中学会了独立自主。作为好爸爸，要多鼓励孩子的行为。这样，孩子就能更好地适应环境、适应社会了。孩子是会长大的，总有一天，他们要自己面对生活。因此，我们给孩子最好的"礼物"就是：教会他们如何独立生存，鼓励他们适应环境。

（2）**好爸爸从小事做起。**坚强意志的培养离不开细节。人们常说细节决定成败。在生活中，很多小事就可以看出孩子的意志力是否薄弱。多让孩子自己吃饭，自己收玩具，自己收拾书包。习惯需要一种恒心和意志。好爸爸应该帮助孩子养成良好的习惯，让孩子懂得坚持的意义。

（3）**好爸爸给孩子寻找榜样。**经常给孩子树立起正面人物的榜样，让孩子向这些榜样学习。这样孩子会自觉反思自己，提高自己的觉悟。当孩子出错时，给他一个反思的机会，提醒他以后不要再犯同样和类似的错误，要向榜样学习。

第八节　意志就是力量

没有伟大的意志力，就不可能有雄才大略。

——法国作家巴尔扎克

有一名老人，名叫愚公，快九十岁了。他家的门口有两座大山，一座叫太行山，一座叫王屋山，人们进进出出非常不方便。一天，愚公召集全家人说："这两座大山，挡住了咱们家的门口，咱们出门要走许多冤枉路。咱们不如全家出力，移走这两座大山，大家看怎么样？"愚公的儿子、孙子们一听，都说："你说得对，咱们明天开始动手吧！"可是，愚公的妻子觉得搬走两座大山太难了，提出反对意见说："咱们既然已经在这里生活了许多年，为什么不能这样继续生活下去呢？况且，这么大的两座山，即使可以一点点移走，哪里又放得下这么多石头和泥土？"愚公妻子的话立刻引起大家的议论，这确实是一个问题。最后他们一致决定：把山上的石头和泥土，运送到海里去。

第二天，愚公带着一家人开始搬山了。他的邻居是一位寡妇，她有一个儿子，才七八岁，听说要搬山，也高高兴兴地来帮忙。但愚公一家搬山的工具只有锄头和背篓，而大山与大海之间相距遥远，一个人一天往返不了两趟。一个月干下来，大山看起来跟原来没有两样。有一个老头叫智叟，为人处世很精明。他看见愚公一家人搬山，觉得十分可笑。有一天，他就对愚公说："你这么大岁数了，走路都不方便，怎么可能搬掉两座大山？"愚公回答说："你名字叫智叟，可我觉得你还不如小孩聪明。我虽然快要死了，但是我还有儿子，我的儿子死了，还有孙子，子子孙孙，一直传下去，无穷无尽。山上的石头却是搬走一点儿就少一点儿，再也不会长出一粒泥、一块石头的。我们这样天天搬，月月搬，年年搬，为什么搬不走山呢？"自以为聪明的智叟听了，再也没话可话了。愚公带领一家人，不论酷热的夏天，还是寒冷的冬天，每天起早贪黑挖山不止。他们的行为终于感动了上帝。上帝于是派遣两名神仙到人间去，把这两座大山搬走了。

愚公移山的故事一直流传至今。它传递给我们意志的力量，无论多么困难的事情，只要有恒心有毅力地做下去，就有可能成功。不坚持，绝对不会成功。

在孩子生理和心理还比较不成熟的时候，孩子的意志力往往是十分薄弱的。做什么事情会比较没有恒心和毅力，会容易半途而废。但是这种意志力并不是先天决定的，也不是不可以培养的。好爸爸要培养孩子的意志力，因为意志就是力量。孩子一旦拥有了这种力量，就不会再害怕困难和风雨的打击，就会有信心和力量去迎接人生的挑战。

现在的很多家庭的孩子都是独生子女，父母容易娇惯和溺爱孩子。孩子在无形中养成了依赖的习惯，甚至一些自己可以做的事也不能做。一旦遇到什么困难了，也总是想着会有父母为自己完成，不懂得坚持。那么这样的孩子是永远长不大的。培养孩子的意志力贵在坚持。好爸爸要坚持，孩子自己也要坚持，坚持不懈地培养自己的意志力。意志就是力量。有了力量，才会在人生的道路上不怕风雨，不怕打击，才会有飞翔的勇气。孩子只有有了顽强的意志，才会扬起信心和希望的风帆，才会赢得更光明的未来。

培养孩子的意志力是一个长期的过程，这个过程需要好爸爸和孩子一起努力，一起坚持。只有这样，才会越来越磨炼自己，越来越相信自己。树立起了自信心，就会有勇气和力量，就会充分发挥自己的创造力。要相信意志就是力量，坚持就是胜利。

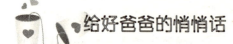

给好爸爸的悄悄话

既然意志就是力量，好爸爸就要尽自己最大努力使孩子获得这种力量。好爸爸可以试着做到以下几点：

（1）**习惯决定人的态度**。习惯就是一种坚持的表现。养成良好的习惯的同时也就是在锻炼自己的意志。生活中有很多这样的小事，比如让孩子坚持自己叠被子、自己洗袜子等等。这些都是在无形中培养孩子的良好习惯。

（2）**好爸爸要舍得让孩子吃苦**。好爸爸不能因为自己的不舍得就不让孩子做这做那，娇惯孩子。让孩子适当地吃点苦，就会增加孩子的自理自立能力，让孩子感受到生活的艰辛。这样可以有助于培养孩子的意志力，懂得"吃得苦中苦，方为人上人"的含义。

（3）**给孩子适当的奖励，让孩子更加相信自己**。好爸爸应该在孩子做得很好的时候，给孩子适当的奖励。这样孩子会越来越相信自己，遇到困难时也会凭借自己顽强的意志克服过去，因为意志就是力量。

第六章　管放适度型好爸爸：
给孩子自信心与创造力

自信心与创造力是使孩子赢得美好未来的关键因素。自信心会激发创造力。父母正确的教育方式和培养方法会直接影响孩子自信心和创造力的形成。作为一个好爸爸，一定要管放适度，给孩子一个轻松愉快的成长环境。

　　好爸爸是孩子成长过程中的方向标。当孩子缺乏自信不知所措时，需要爸爸给予鼓励和肯定，给孩子勇气和力量，给他指明前进的方向；当孩子逐渐羽翼丰满需要空间时，需要爸爸提供一个宽松自由的环境，培养孩子的创造力。管放适度型爸爸，能扬起孩子自信的风帆，给孩子飞翔的力量；管放适度型爸爸，能为孩子打造起属于自己的美好未来；管放适度型爸爸，能真正培养起孩子的自信心和创造力！

第一节　严格需掌握尺度

教育是一把标尺，它须用以严格地鞭策孩子，更要把握好尺度。

——中国作家冰心

古时候宋国有个农夫，种了稻苗后，便希望能早早收成。

每天他到稻田时，发觉那些稻苗长得非常慢。他等得不耐烦，心想："怎么样才能使稻苗长得高，长得快呢？"想了又想，他终于想到一个"最佳方法"，就是将稻苗拔高几分。

经过一番辛劳后，他满意地扛锄头回家休息。然后回去对家里的人说："今天可把我累坏了，我帮助庄稼苗长高一大截！"

他儿子赶快跑到地里去一看，禾苗全都枯死了。

这是流传至今的揠苗助长的故事。这个故事明确告诉我们一个道理，那就是"欲速则不达"。家庭教育亦是如此。

严格需掌握尺度，否则适得其反。

在孩子的成长过程中，家长总是怀着望子成龙、盼女成凤的心理，当然这也是无可厚非的。于是一些家长就以十分严格的教育方式去教育孩子，希望孩子在各方面都做得十分出色。给孩子制定一些不切实际的目标和规则。这不利于孩子轻松快乐地成长，反而给孩子增加许多负担。好爸爸要把握适度原则，给孩子空间，让他轻松快乐地成长。

好爸爸对孩子严格当然是必要的。因为当孩子年龄还比较小时，自我约束力和自我管制力都比较差，这时候就需要父母给孩子制定一些规则，明确一些方向，使孩子走上成长的轨道。但是，这并不意味越严格越好。紧紧束缚孩子，不切实际地严格要求孩子，会使孩子产生逆反心理或没有主见和想法等不健康的心理状态。因此，严格也是有尺度可依的。这对孩子健康成长，赢得美好未来起着至关重要的作用。

好爸爸严格要求孩子是对的，但不能变成一种专制。对孩子蛮横或无理，就容易使孩子产生抵触的消极心理，孩子容易躲避或逃离。要适度，但是这也不意味着对孩子过分宽容和放任。对孩子的一切不闻不问，自然也不是一个好爸爸。这极容易使孩子偏离轨道，甚至走上歧路。

有些爸爸对孩子十分严格，比如在学习上会给孩子定下一个很高的目标。要求孩子必须完成，这是不合理的。一旦孩子不能达到预期目标，就会丧失自信心，产生自卑心理等不良情绪。好爸爸要知道孩子哪些可以做到，哪些不能做到。给孩子制定的目标要合理，这样孩子才会在一次又一次的锻炼中找到自己的位置，树立自信心，从而激发创造力。

严格的教育也不意味着不许孩子干这干那，把孩子禁锢起来，这样孩子没有了自由的空间，无论是身体还是心理，对孩子都是百害而无一利的。好爸爸要了解孩子所擅长和不擅长的，给孩子合理的发展方向。总之，在孩子的成长历程里，严格的教育是十分必要的，但好爸爸务必要把握好适度原则。

给好爸爸的悄悄话

严格且不失尺度的教育方式应是好爸爸要始终把握好的原则。好爸爸要意识到严格需把握尺度的重要意义，使孩子健康快乐地成长。好爸爸应做到：

（1）**好爸爸对孩子的关爱要有度。**好爸爸对孩子的关爱心理是可以理解的，但是有时候这种关爱很容易表现为指导过度、管理过度或督促过度。这样会直接导致家庭氛围变得过于严肃，孩子在好爸爸的过分关爱下是不会体会到成长的快乐的。甚至不利于孩子自信心和创造力的形成。

（2）**好爸爸对孩子期望值要适度。**有时候好爸爸对孩子的期望值过高，当孩子做不到或做不好时，孩子和爸爸双方都会失望。不能唯分数至上，学习也好，或者孩子课余学习的书法绘画也好，这些都要以孩子的兴趣为主。不能强制孩子在任何方面都做得比别人出色。这样反而会束缚孩子的发展，应当给孩子自己选择的余地。

（3）**好爸爸要多与其他有心得的爸爸交流，或者多请教这方面的专家。**这样有助于了解孩子的心态，也有助于了解自己的心态。要用合理的教育方式教育孩子，坚持适度原则。

（4）**好爸爸要注意观察孩子。**观察孩子应贯穿于孩子整个的成长过程中。一旦感到孩子有什么不对劲，好爸爸要及时反思，及时和孩子交流。好爸爸要问自己，是不是平时过于严格，怎样才能适度等问题。这样才能一步步使孩子建立自信，培养创造力。

第二节 让孩子体会到刚强和柔弱

教育要在爱与约束之间达成平衡。

——中国作家冰心

从前，风总是看到草低着头，心中不解，有一天终于问草："草，你为什么总是低着头啊？"草说："因为我太柔弱，你太刚强。被你压低了。"风说："不是啊，我也有柔弱的时候，有时候都不如你呢。你的生命力很强。"草不解地问为什么，风说："因为有一首诗，'离离原上草，一岁一枯荣，野火烧不尽，春风吹又生'，这还不刚强吗？"说完，风就走了。

这有点像个小笑话。但是我们却看到草因为风而刚强，也因为风而柔弱。世界也是两面的，有刚强的一面，也有柔弱的一面。好爸爸要力图使孩子体会刚强和柔弱，知道刚强和柔弱其实在成长中起着举足轻重的作用。

刚强和柔弱是两个对立面。但是这两个对立，并不意味着不能融合在一起。太刚强的人，不容易使人接近，让人产生距离感，缺乏亲和力。太柔弱的人，容易缺乏自信心和乐观精神，经不起困难和挫折的打击。因此，对孩子的教育管理，一定要采取刚柔并济的策略。好爸爸应该让孩子既体会刚强，也体会柔弱，做到刚柔并济。

好爸爸做到刚柔并济，有助于使孩子形成正确的处世哲学和人生态度。太刚强，容易使孩子不知天高地厚，形成自大心理，不能正确地认识自己。太柔弱，孩子就容易一直长不大，不敢面对困难和打击。好爸爸要承担起使孩子体会刚强和柔弱的职责，使孩子形成健康向上的心理状态。这有助于使孩子形成健康的人格，为孩子取得成功赢得美好未来打下基础。

正确的方法会使孩子体会刚强和柔弱，不仅要让孩子试着去接触类似的事物，形成感性认识，也要让孩子在实际生活中知道什么时候该刚强什么时候该柔弱。理性大于感性，刚强和柔弱这两方面应该是均衡的，不能偏重哪一方，要让孩子知道，刚强是必要的，柔弱也是必要的。要坚持二者的平衡。

好爸爸一定要知道刚柔并济的性格并不是一蹴而就的，这应是一个循序渐进的过程。在教育过程中不应让孩子感受到只要刚强就是好或只要柔弱就是好。这容易使孩子形成偏激性格，不利于孩子的成长。

所谓体会刚强，可以让孩子去和这类的人接触接触，让孩子体会刚强的意义。也可以在生活中设置一些稍稍超越其能力的障碍，鼓励孩子相信自己，肯定自己，用刚强的意志渡过难关。让孩子的形成一种刚强的性格，拥有勇气和力量。所谓体会柔弱，可以让孩子接触一些渺小的事物，感受到他们力量的薄弱。也可以让孩子做一些对他们来说比较困难的事，这样让孩子感到自己的渺小，不要自不量力，不知天高地厚。这样有助于使孩子自我反省，知道自己该做什么，不该做什么，一步步完善自己。好爸爸只有细心地让孩子体会刚强和柔弱，才有助于使孩子拥有完善的人格以及美好的将来。

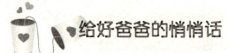

给好爸爸的悄悄话

体会刚强和柔弱其实并不是一件容易的事。好爸爸肩负的任务其实是巨大的。但为了给孩子赢得美好的未来打下基础，好爸爸应该勇敢地承担起这一使命，与孩子一起塑造完善的人格。

（1）**好爸爸应带孩子走出去**。外面的世界是很大的，处处充满了刚强和柔弱。比如带孩子去看大树和小草，让孩子对比高大和渺小，或去看看大动物和小动物，比如大象和蚂蚁。这些都有助于使孩子形成对刚强和柔弱的感性认识。让孩子看到世界的两面。

（2）**让孩子参加劳动或做游戏**。好爸爸应该知道游戏和劳动当中孕育着许多知识，正所谓实践出真知。孩子会在游戏或劳动中取得很多经验，孩子会慢慢知道什么事该使急性子完成，哪些事应该慢慢来。刚强和柔弱是相对的，做人也是如此。

（3）**爱唠叨的爸爸不是好爸爸**。

学生萱萱写道："我的父母总是把我当成还没有长大的小孩子，不管什么事，他们总要没完没了地唠叨。我知道他们爱唠叨，就是对我的不信任。你们为什么总要把一句话反复地说很多遍，我很烦。"

当孩子有原则性错误的时候，好爸爸可以严明地说出正确的观点和做法，当孩子一时疏忽的时候，好爸爸可以宽容孩子的大意，让孩子尽情地玩个够。但是身为父母最忌讳的一点是：唠叨不停。经常的唠叨会使孩子体会不到父爱中的刚强和柔弱，不能明白爸爸的意思，甚至产生抵触心理。

（4）**好爸爸培养孩子有理有度**。培养和增强孩子的任何一种心态，都可以通过很多方法来尝试，但要教育的过程中，一定要掌握好对孩子说教的"度"，以免把孩子从一个极端推到另一个极端。我们要记住：掌控有度的教育方式才最适合孩子的健康成长。

第二节 孩子不会饿死自己

我们必须相信我们的天赋是用来做某种事情的，无论代价多大，这种事情必须做到。

——波兰科学家居里夫人

吴昊是生长在贫困山区的一个可怜的孩子，在他10岁的时候，父母就离异了。而后父亲因为盗窃罪被处五年有期徒刑，母亲选择离家出走，从此杳无音讯。

那时吴昊只有10岁啊！虽然有亲戚的救助，但是却要一个人面对生活的风风雨雨。那时吴昊上四年级，成绩是全年级第一名。他一直住在自己的家里，但是他家离学校有20多里路，原来有爸爸送他，现在也只能自己往返。在这没有人陪伴的五年里，他慢慢地从一个小孩子变得越来越成熟，无论发生任何情况，遇到何种难题，他都没有缺过课。

五年来，他几乎没有喝过开水，都是用凉水解渴，邻居家谁有红白喜事了，都会叫上他，只有这时他才能好好吃一顿饭。就这样，他一直独立生活到父亲回来。

这是一个简单而感人的小故事，讲述了一个简单的道理，那就是我们每个人的力量都是无穷的。孩子是完全可以依靠自己的。虽然我们不需要把孩子都置于如此的境地，但是好爸爸要意识到这一点，要相信自己的孩子，孩子不会自己饿死自己。

好爸爸有时过于关爱和保护自己的孩子，不相信自己的孩子。觉得孩子的能力是有限的，不可能做到一些不可能的事。所以总是试着帮孩子做好一切，打点好一切。其实这就是不相信孩子的表现。好爸爸要相信自己的孩子，给孩子机会，去锻炼自我，实践自我。相信孩子不会饿死自己。

总是对孩子放不开，不相信孩子，孩子是永远长不大的。孩子会总认为，好爸爸会为我做一切事，替我解决一切困难，我无需自己去想去做。这就容易使孩子成为水里的鱼，一旦离开水了，就会活不下去。好爸爸不能把孩子变成水里的雨，要把孩子变成展翅高飞的雄鹰，依靠自己，飞得更高，看得更远。所以好爸爸要使孩子依靠自己的力量去面对生活，面对风雨。这样孩子才会越来越强大，越来越自信，越来越有创造力。因此这方面的教育应是必不可少的，是不可替代的。

每个孩子都有自己的潜能，只是家庭环境和父母教育方式的不同，有些孩子的潜能会充分发挥出来，有些孩子不会被挖掘出来，或只是挖掘出了一小部分。那么如何很好地开发自己的孩子应是好爸爸需要好好考虑的事情。因为这关系着孩子的未来和前程。好爸爸要让孩子主动追求成功。比如当孩子稍年长一些的时候，就把他单独留在家里。好爸爸不要觉得孩子会饿啊，会渴啊，会遇到很多问题不会解决，然后中途就回来替孩子打点好一切什么的。要知道孩子不会自己饿死自己的。不妨试试，也许孩子会打电话订餐啊，会找邻居求助啊，孩子会自己想解决问题的办法。好爸爸要相信自己的孩子，给孩子锻炼的机会，让孩子自己去成长。

孩子会在依靠自己的过程中，得到很多经验，会树立自信，会发挥创造力，激发自己的潜力。这对孩子赢得美好未来是至关重要的。好爸爸一定要意识到这一点，相信自己的孩子，给孩子成长的机会。孩子不会自己饿死自己。

给好爸爸的悄悄话

孩子不会饿死自己，因为孩子的潜能是无限的。只要有合适的机会，孩子就会学着自己成长、成熟起来。好爸爸就是深刻意识到这一点，如果爸爸都不相信自己的孩子，还会有谁相信他呢？**爸爸的信任，可以极大地增进孩子自信心，给孩子勇气和力量。**好爸爸不妨这样做：

（1）**找合适的时间把孩子单独留在家里。**当然在这之前要做好安全防范，确保不要发生什么意外，然后再回来看看孩子能否自己解决好吃饭等问题。如果可以，那孩子就进步了，说明孩子会自己想办法了，会懂得面对困难了。如果第一次孩子做得不好，好爸爸也不应该失望或沮丧，应给孩子分析原因，找到出路，然后再给孩子机会去做，直到成功。

（2）**发现孩子天赋的关键时期。**孩子在不同的成长阶段都会有不同的能力展现。好爸爸要多和孩子沟通，及时发现孩子表现出的天赋。其实这也并不是没有规律可循。研究表明，3岁是训练幼儿外语口语的最佳时期，4～5岁则可以多训练孩子的书面语言，5岁是掌握数字概念的最佳时期，另外，在孩子3～5岁时如果发现他有很强的音乐天赋，要马上给他相应的训练，因为此时是音乐入门的好时机。把握了良好的开端，就等于迈向了成功的第一步！

这时，好爸爸一定要注意一个问题，那就是急于求成的心态。孩子年龄尚小，逻辑思维能力还处在较低的水平，即使有很强的天赋，也要循序渐进地进行，不可拔苗助长。好爸爸一定要从实际出发，根据孩子的年龄和心理特点找出真正适合孩子特长的方法来引导孩子。

（3）**生存能力比特长、天赋更重要。**有一句老话叫做："世界不是缺少美，而是缺少发现美的眼睛。"对于每一个孩子，我们可以这样说，孩子不是缺少天赋，缺少的只是父母发现孩子天赋的眼睛。每一个孩子都是父母的骄傲。即使自己的孩子没有明显的特长，好爸爸也不要指责自己的孩子无能，那样做只会伤害他幼小的心灵。即使在孩子身上没有发现音乐、美术、舞蹈天赋，也不要轻易对孩子失望，父母更应该重视孩子生存的能力。

第四节　让孩子尽情发挥去做自己的事

不登高山，不知天之高也；不临深渊，不知地之厚也。

——中国思想家荀子

马棚里住着一匹老马和一匹小马。有一天，老马对小马说："你已经长大了，能帮妈妈做点事吗？"小马连蹦带跳地说："怎么不能，我很愿意帮您做事。"老马高兴地说："那好啊，你把这半口袋麦子驮到磨坊去吧。"小马驮起了口袋，飞快地往磨坊跑去，跑着跑着，一条小河挡住了去路，河水哗哗地流着，小马为难了，心想：我能不能过去呢？如果妈妈在身边，问问她该怎么办，那多好啊。可是离家很远了，小马向四周望望，看见一头老牛在河边吃草，小马问道："牛伯伯，你能告诉我这条河我能过去吗？"老牛说："水很浅，刚没小腿，可以过去的。"小马听了老牛的话，立刻跑到河边准备过去，突然从树上跑下一只小松鼠拦住它说："小马别过去，水很深，你会淹死的。昨天我的一个伙伴就淹死了！"小马连忙收住脚步，不知道怎么办才好。

于是小马决定还是回家问妈妈，妈妈问他："怎么回来了？"小马说："一条河挡住了我，我过不去。"妈妈说："那河很深吗？"小马说："牛伯伯说很浅，而小松鼠却说很深。"妈妈说："那到底是深还是浅呢？有没有想过他们的话呢？"小马低下头说："没想过。"妈妈亲切地对小马说："孩子，光听别人说是不行的，河水是深还是浅，自己去试试，就知道了。"

于是小马又来到河边，小松鼠又大叫："不要过去，小马！"小马说："让我试试吧。"它下了河，小心翼翼地趟到了对岸，原来河水既不像老牛说的那样浅，也不像小松鼠说的那样深。

这是经典的《小马过河》的故事。同一条河流，对老牛来说很浅，对小松鼠来说很深。小马只有自己去过了才知道对自己来说是不深也不浅的。小马妈妈是成功的教育者，它鼓励了孩子自己去做去体验，给了孩子锻炼自己成长的机会。

父母是孩子的第一任老师。在孩子还比较稚嫩无知的时候，遇到问题不知道怎么办，这时候就需要好爸爸给指明方向。然后让孩子自己去做，好爸爸让孩子发挥做自己的事情，就是给孩子实践的机会，让孩子在实践中锻炼自己，提高自己。

让孩子发挥做自己的事情，其实就是让孩子自己成长，提高他实践能力和动手能力。这不是说好爸爸就是对孩子撒手不管，一概不闻不问，而是应该承担起监督和指导的责任，成为孩子的方向标。因此好爸爸让孩子发挥做自己的事情，在孩子的早期教育中显得尤为重要。

有些家长对孩子过分溺爱，觉得自己可以为孩子做一切事情，这种想法是不对的。在孩子成长的初期，好爸爸该让孩子做一些力所能及的事情。这样会使孩子逐渐摆脱对家长的依赖，提高自理能力。无论是对孩子的身体发育还是心理发展都是有很大好处的。然后随着孩子年龄的增长，孩子会有选择地做一些事情，会有自己的兴趣和爱好。好爸爸让孩子去做自己的事情，可以充分发挥孩子的特长，发现自己的优势，从而激发自己的潜力。

当然让孩子发挥做自己的事情的过程中，会出现很多困难。比如孩子对待很多问题会做不到或做不好，容易产生消极心理和情绪，而好爸爸此时不能袖手旁观，应仔细指导孩子如何去面对和解决问题，告诉孩子正确的方法和心态。尽量鼓励孩子，肯定孩子，承认孩子的努力，使孩子树立自信心，然后再给孩子去做的机会，让孩子不断反思自己，总结自己，从而找到解决问题的思路和出路，锻炼自己，成长自己。

给好爸爸的悄悄话

让孩子尽情发挥去做自己的事，不仅可以让孩子以积极乐观的心态去面对生活，更可以在这个过程中使孩子发挥自己，发展自己，使孩子在广阔的空间里自由翱翔。

（1）不要跟孩子说不准碰那些东西。孩子力所能及的事应该让孩子自己去做，孩子做起来有困难的事情，也可以尽量让孩子去尝试。孩子迟早要离开好爸爸的怀抱，拥有属于自己的天空。那就从这些困难的事情开始，提高孩子的自理能力。不能过分溺爱孩子，不能让孩子始终存在依赖心理。

（2）和孩子做一些游戏或让孩子做一些简单的家务活。游戏可以开发智力，家务活可以提高孩子的动手能力。这些都是在打基础，以便将来孩子有更大更重要的事要处理时，孩子会轻松地找到解决的办法，不会措手不及。

（3）鼓励孩子做他自己喜欢的事。好爸爸一定要知道孩子的兴趣爱好，让孩子去做。比如孩子喜欢某种运动，或喜欢某种乐器，那就支持孩子，给孩子空间，让他充分发挥自己。这样孩子在某一领域做得出色，就会有优越感，拥有自信，从而激发自己的潜能和创造力。

第五节　让孩子在摸索中锻炼自己

信心是希望的火种，往往在你摸索的黑暗里，照亮前程的路。

——中国作家佚名

爱迪生是举世闻名的科学家和发明家。他从小就具有探索钻研不怕失败的精神。在他发明电灯成功之前经历了一千多次的失败。但他没有气馁，不怕失败，终于成功发明了电灯。此外，他在电话、电报、电影等方面有约两千多项发明，为人类的文明和进步作出了巨大的贡献。

爱迪生正是本着这种顽强探索、不懈努力、不怕失败的精神，才取得巨大的成就。这样的精神是可贵的，更是伟大的。我们每个人都应该努力培养这种精神，并且要从小培养，依靠这种可贵的精神为自己赢得美好的未来。

在我们的成长过程中，由于家庭环境、教育方式的不同，有的孩子没有自我摸索的坚持不懈的精神，一遇到难题就会缩手缩脚，无法独立面对困难。但有的孩子却具有这种努力探索、奋力拼搏的可贵精神，显然是与父母分不开的。好爸爸要担负起培养孩子这种精神的责任，让孩子去摸索、去磕碰、去失败，让孩子体验自我锻炼、自我成长的机会。

让孩子去摸索、去磕碰、去失败，这并不是说让孩子经历一次又一次的打击，使孩子产生挫败感和消极情绪。好爸爸不要畏首畏尾，尽管让孩子去摸索，只有磕碰过、失败过，他才会逐渐找到自己的方向。虽然找的过程是十分艰辛的，他会磕碰会失败，他会品尝到许多苦的滋味。但所谓不经历风雨，哪能见彩虹，孩子一旦经过一段探索的迷茫的路，他的经验就丰富了，能力就增强了，就会变得坚毅不屈了。孩子越来越强大，这应是好爸爸最愿意看到的事。好爸爸不能把孩子一直搂在怀里，不让他感受生活的艰辛和人生的不易，这并不是真正的爱。好爸爸要放手让孩子去经历打击、经历风雨，孩子顽强探索不怕失败的精神的培养，应是孩子成长过程中必不可少的。

孩子由于年龄小，其自理自立的能力较差，面对困难和压力容易束手无策。这时候好爸爸要有选择地积极介入，提供有效的帮助。但这不意味着好爸爸要帮孩子把一切困难和压力都扛下来，觉得替孩子摆平难题扫清障碍就是对孩子最大的爱。这其实就是使孩子失去了锻炼自我实践自我的机会，不应怕孩子失败，要给孩子分析原因，提供一些方法和思路，再让孩子自己去试，直到成功。这样孩子不仅体会到了成功带来的快乐和成就感，也在无形中培养了孩子摸索攀登不怕困难和失败的精神。

让孩子去摸索、去磕碰、去失败，在那之前进行一些相应的教育是十分必要的。比如设想一些安全用电，安全过马路，避免受骗上当等情况。这样的教育会使孩子做一定心理准备，一旦这样的事情真的发生，孩子也不至于猝不及防。也可以给孩子类似的"模拟训练"，让孩子在模拟训练中，摸索经验，提高勇气，敢于接受挑战。

给好爸爸的悄悄话

让孩子自己去摸索、去磕碰、去失败，孩子逐渐会找到属于自己的位置，会找到自己的方向。好爸爸不能因为一时的舍不得，使孩子失去成长锻炼的机会，这会成为孩子一生的遗憾。

（1）**跟美国父母学教育**。在美国，父母面对上大学的孩子用的是最简单的教育方式：不再支付生活费用。而学校面对学生的态度是：独立生存一周才批准毕业。这种类似"撒手不管"的教育方式看似无情，却培养出了许多杰出的孩子。然而中国的父母，孩子上学的时候，父母比孩子更为忙碌。我们对孩子有无穷无尽的担心：他现在是不是安全，是不是钱不够花，是不是身体不好……太多太多让我们困扰的事情。其实这些不必要的烦恼正是父母自己造成的。

（2）**不能让孩子搞特殊化**。家庭生活最需要公平的环境，在家中是"小皇帝""小公主"的孩子往往不会处理跟别的小朋友的关系，最重要的是失去了自理的技能和面对困难的能力。好爸爸要把孩子放在一个平等的位置，让他去摸索、去磕碰、去失败，他才能学会成功。

（3）**好爸爸对孩子的错误"冷处理"**。有的父母一遇到孩子碰坏东西，就打骂对待。殊不知，你是在用孩子的教育满足自己的暴力欲。所谓"冷处理"就是在面对孩子的错误时，抑制自己的情绪，等自己的心情平静了再想孩子的做法，当孩子把电话拆了时，只需让他再装回去就好。

164

第六节 教孩子对自己的行为负责

不能总是牵着他的手走，而是要让他独立行走，使他对自己负责，形成自己的生活态度。

——苏联教育家苏霍姆林斯基

1920年，有一位八岁的美国男孩在踢足球时不小心踢碎了邻居家的玻璃，邻居索赔12.50美元。闯了祸的男孩向父亲认错后，父亲让他对自己的过失负责。他为难地说："我没钱赔给人家。"父亲说："我先借给你，一年后还我。"从此，这位男孩每逢周末、假日便外出辛勤打工，经过半年的努力，他终于挣足了12.50美元还给了父亲。这个男孩就是后来成为美国总统的里根。他在回忆这件事时说："通过自己的劳动来承担过失，使我懂得了什么叫责任。"

这是一个很典型的教孩子如何对自己的行为负责的小故事。里根的父亲是出色的教育者，他让孩子学会了如何对自己的行为负责，这就是在培养孩子的责任心。

培养孩子的责任心的第一步，就是要让孩子明白：每个人都要为自己的行为负责任。好爸爸不应对孩子过分溺爱，这样不但会使孩子的自理能力低下，也会使孩子缺乏责任心，对任何事甚至任何人都采取漠视态度，不会承认错误，不能承担责任。好爸爸要让孩子从小就对自己的行为负责，做到敢作敢当，做堂堂正正的人。

一个对自己的行为不能承担起责任的人，是不会取得成功的。这是家庭教育和社会教育等各方面的失败。好爸爸要让孩子从小就意识到：自己要对自己的行为承担一切责任。责任，是一种勇气，更是一种担当。懂得为自己的行为负责可谓是孩子人生路上成长成熟的标志。责任心的培养，应该从小抓起。有责任感的孩子会有勇气和力量承担自己的所作所为。假如孩子把玩完的玩具随便放，自己不喜欢收拾，那也不要替孩子收拾，到下次孩子再玩却找不到的时候，让他知道这是自己玩完不收拾的结果，让他意识到自己不负责，就要品尝自己种下的恶果。教孩子对自己的行为负责，可以说会影响孩子的一生，因此这方面的教育是必不可少的。

每一个孩子都会犯错，世界上没有一个孩子是完美无缺的。好爸爸要在孩子犯错的时候，使他深刻地理解到，任何时候任何地点他都要对自己的行为负责。好爸爸要以正确的方法去引导，而不是一味地去保护孩子。在保护伞下长大的孩子是不会有责任意识的。

孩子犯了错，不要让孩子总是去找客观原因，那样只会让孩子去逃避责任。要帮助孩子去找主观原因，从自身出发，这样孩子才会进步，才会更加严格要求自己，孩子的人格才会日益完善。

懂得对自己的行为负责的孩子，更会得到别人的认可和尊重。将来在社会上，无论遇到任何问题和困难，孩子都会从容地去面对，会担当，会成为一个大写的人。所以，好爸爸要尽全力去培养孩子的责任意识，让孩子对自己的行为负责。

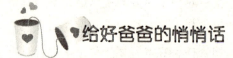 给好爸爸的悄悄话

好爸爸首先要意识到责任意识在孩子的成长过程中有多么重要，再去试着用正确的方法教孩子。在这个过程中好爸爸也是要以身作则的。好爸爸要成为一个负责任的爸爸，不妨试着去做：

（1）从小在孩子心里播下"独立"的种子。好爸爸应该让孩子明白：自己的事情要自己做，自己的小手也能做出许多大事。生活中好爸爸不要把孩子当作软弱的"小孩"对待，要培养孩子养成良好的生活习惯，并给予孩子充分的活动自由。尽可能地鼓励孩子大胆去尝试他没有接触过的事物。放手让孩子自己做事情，在这个过程中，好爸爸千万不要插手。

（2）每天让孩子反思自己。古人云：一日三省吾身。可见反思会提高自己的觉悟。好爸爸每天让孩子反思自己，即便孩子没有做错什么，那么也要让孩子养成这样的一种习惯。孩子会在反思中成长。

（3）用教导代替训斥，教孩子勇于承担错误。有些孩子在平时做错什么的时候，往往不愿意去承担，害怕家长的训斥和批评。这也许就是家长们平时的教育方式不正确导致的。好爸爸也要经常反思自己，不要动不动就是非打即骂，这是非常愚昧的。孩子犯了错就仔细分析原因，使孩子勇于承担责任，而不是去逃避。

（4）让孩子多看书，尤其是类似的人物事迹。孩子在接触这些人的过程中，会提高自己的觉悟，会钦佩那些懂得为自己行为负责的人。在潜移默化中逐渐培养了孩子的责任感。孩子也会有意无意地学习那些先进人物和事迹，会为自己的行为负责。

第七节 教会孩子生活法则，帮孩子独立

生活中的法则，就好比大海中的航标，有了它，就等于有了方向。

——中国作家史铁生

鱼儿有自己的生存法则，那就是不能离开水的怀抱；狮子有自己的生存法则，那就是要不停奔跑，找到可以猎食的美餐；雄鹰有自己的生存法则，那就是要振翅高飞，找到属于自己的天空。

自然界是这样，我们人类社会也是如此。我们生存在这个世界上，就要掌握好生活法则，掌握好规律。这样，才能世世代代繁衍生息。

人类社会存在着不以人的意志为转移的规律，这些规律是可以被人们认识并利用的。这就称为生活法则。这些法则在我们的生活中发挥着巨大的作用，小的方面我们会探索出生活的规律，为生活找到很多出路，更好地去生活，大的方面可以影响我们的人类进程和文明发展。好爸爸要教会孩子的生活法

则，让孩子独立地去生活。当孩子掌握了这些生活法则，就好比学会了一种功夫，一种几乎可以刀枪不入的功夫。掌握生活的法则，就好比掌握了一本百科全书。因为生活本身就是一本大书，好爸爸要教会孩子生活法则，让孩子通过这些法则去认识生活，体会生活，找到生活的方向。孩子会因此获得很多启发和指示，会变得独立，变得自信，心灵会得到净化，会因此更加成熟，甚至因此而取得成功。因此，教会孩子生活法则，是好爸爸的一种使命，一种务必完成的使命。这在孩子的家庭教育中是必不可少的，尤其是在孩子的早期教育中，更是不可替代的。

掌握了生活法则，会收获健康的心态，会有积极乐观的态度，会有自己明确的目标和方向。这也是探索生活真谛的过程。明白了生活是什么，明白了如何去对待生活，那就不会在生活里迷失自己，不会害怕生活中的困难，不会经不起生活的打击。孩子在比较小的时候，对这个世界的认识是模糊的，对待生活更是没有概念。孩子不知道什么是法则，法则有什么样的重要意义。好爸爸一定要言传身教，给孩子总结，给孩子归纳，给孩子认真仔细地指导，使孩子更好地理解生活的真谛，使孩子更加独立地面对生活，面对人生。

孩子掌握了生活法则，就不会再去依赖父母，孩子会自己行走，会自己成长。即使遇到风雨，即使经受打击，孩子也会利用好生活的法则独立面对，找到出路。不会失望，不会放弃，不会迷茫。生活法则会使孩子更加有信心，更加出色，更加有创造力。

孩子在成长的过程中，难免会迷茫，会彷徨，会失去方向。而有些孩子甚至不会因为年龄的增长而更加成熟，反而也许会更加依赖父母，离不开父母的保护。那这对我们的家庭教育来说是很悲哀的。但是解决好这些问题的最好出路应该就是使孩子掌握生活的法则，让孩子掌握一些客观存在的规律。比如有些孩子经常会遭遇失败，会一蹶不振。那么好爸爸就是要告诉孩子失败乃成功之母，生活中有着无数的法则，当然孩子是不可能都掌握的，但是要孩子掌握方法，养成良好的习惯。保持积极、乐观、向上的心态，孩子一定会在好爸爸的悉心教导下掌握规律，并且会利用好规律，不断探索，找到生活的法则，独立地面对生活，面对人生。

给好爸爸的悄悄话：

生活就是一本大书，像海洋一样辽阔。但是这并不意味着生活是没有规律可循的。生活中有许多法则，好爸爸需要一直探索，并及时和孩子一起分享。和孩子一起掌握生活法则，是好爸爸的快乐，更是孩子的快乐。好爸爸可以试着去做如下的事：

（1）**首先要让孩子自理自立。**告诉孩子自己的事情自己做，这是最基本的生活法则。因为父母是不可能一直陪在孩子的身边的，孩子早晚要学会独立。让孩子先学会自己处理自己的事情，让他们明白自己不去做，就没有人会替自己完成。一些诸如吃饭穿衣收玩具包书包这样的小事更是要他们自己去完成。

（2）**从小在孩子心里播下"独立"的种子。**爸爸妈妈应该使孩子明白：自己的事情要自己做，自己的小手也能做出许多大事。但这一切要从培养孩子养成良好的生活习惯开始，并给予孩子充分的活动自由。放手让孩子自己做事情，在这个过程中，我们千万不要插手。

（3）**帮助孩子建立健康向上的心态。**有句话叫心态决定一切。孩子没有良好的心理状态，就不能坦然面对生活，就不会主动去探索生活，懂得生活的法则。因此好爸爸一定要意识到心态的重要。好爸爸努力和孩子一起分享生活的法则，孩子才会更加独立更加坚强地面对生活，才会有更加光明的未来。

（4）**哪怕孩子独立完成一件微不足道的小事，好爸爸也要给予鼓励，以培养孩子的兴趣。**好爸爸要引导孩子自己动手，使他们愿意自己劳动，在劳动中无形地提高了孩子自我独立的能力。

面对年幼的孩子，好爸爸要有耐心，不要急于求成。孩子刚开始动手时，把一些事情搞糟是很正常的事情，这时爸爸如果严厉地呵斥孩子，他一定会不敢再去尝试了。好爸爸最好耐心地把动作分步骤解释给孩子看，然后再让他单独练习。

第八节　给孩子适当定规则

学校课程设置的目标，是为了培养学生良好的社会责任，学校教给学生知识，其最终目标是使学生能够适应这个社会。教育能让人清晰地认识和判断自我，给孩子发展这些见解和判断的信念，表达这些见解和判断的雄辩能力，以及身体力行这些见解和判断的力量。

——英国牛津大学教授纽曼

有一次列宁去克里姆林宫理发室理发。当时，这个理发室只有两个理发师，忙不过来，很多人都坐着排队，等候理发。列宁进去后，大家连忙让座，并且请列宁先理，可是列宁却微笑着对大家说："谢谢同志们的好意。不过这样做是要不得的，每个人都应该遵守公共秩序，按照先后次序理发。"他说完后，就随手搬了一把椅子，坐在最后一个位置上。

我们的社会生活中会有很多类似的规则，这是人们经过长期的探索和发现，为了我们更好地生活而总结出来的。我们是社会这个大家庭中的一员，谁也不能破坏这些规则，背道而驰。

孩子因为年龄小，自制力会比较差，不知道怎样去约束自己，难免做出一些让人匪夷所思的事。讲原则的好爸爸，一定要适当地给孩子制定一些规则。让孩子有属于自己的轨道，不偏离自己的轨道，才能更好地成长，更好地生活。好爸爸要有强烈的规则意识，并且给孩子制定好规则，让孩子好好地去遵守。有原则的好爸爸，对待一些制定的规则，还有必要强制性地要求孩子去遵守，不能让孩子总是由着他们的性子来。孩子没有良好的行为习惯，不能有效地约束自己，就会越来越像一匹脱缰的马，想干什么就做什么，不会负责，不会担当。这样孩子的未来就是十分让人担忧的，这是家长的悲哀。因此，有原则的好爸爸一定要给孩子制定规则。

对待规则的漠视迟早要因此付出巨大的代价。合理制定规则，并且去自觉遵守，在一定范围内合理运用，早已成为我们这个社会的共识。而有些人破坏规则不去认真遵守而为此付出惨痛代价的现象也比比皆是。但是在我们大多数的家庭教育中，给孩子制定一些规则也早已成为教育者的共识。有了规则，就等于有了标尺，任何事都有一个尺度，谁也不能任意逾越。孩子需要规则，这种规则应该贯穿于孩子整个的成长过程中，并且随着孩子年龄的增长而日益完善。有了规则，孩子不会再任性妄为，不会再不知天高地厚，不会没有约束感。这样，孩子会逐渐养成良好的习惯，就会知道自己不该做什么，该做什么，会不断反思自己，总结自己，提高自己的认识。对待自己，对待别人，对待生活，孩子不会再茫然，不会再没有想法。规则会使孩子的人格日益完善，会越来越成熟，使自己的生活更加有序，更加有条理。因此有原则的好爸爸在这方面是不能缺少的，这是对孩子负责任的表现，这是对孩子最大的爱。

孩子的理解能力和自控能力都比较差，因此好爸爸在制定规则的时候，首先不能太复杂。这样孩子也许非但不能认真地去遵守，反而还会比较模糊，不明白。给孩子制定规则，也不是以命令的口吻使孩子强制接受，要心平气和给孩子讲道理，告诉他规则的重要意义。这样孩子才会自觉接受你的规则，会心领神会。当然也不能给孩子立很多规则，孩子的时间和精力也是有限的，孩子不可能一下子都去遵守。孩子也不是完美无缺的，孩子不可能总是做得尽如人意。好爸爸要宽容，但是不能宽容过度，还必须得有原则。这样，在严格与宽松结合的情况下，孩子才能更好地遵守规则。

 给好爸爸的悄悄话

好爸爸一定要意识到规则的重要性，有自己的原则，有计划地给孩子制定规则。以下是给好爸爸的几点建议：

（1）**奖惩结合**。对待孩子奖罚分明，其实是一种比较有效的教育手段。给孩子制定一些合理的规则，如果孩子能够很好地遵守，就奖励孩子；如果孩子不能很好地遵守，就一定程度地惩罚孩子。让孩子知道不遵守规则是要付出代价的。这样让孩子知道规则的重要性，是绝对不能随便破坏的。

（2）**"宽松政策"**。这种政策不是说让好爸爸没有任何原则可言，孩子说什么就是什么。孩子在不破坏规则的情况下，有什么要求，可以满足孩子，只要不是很过分。这样做也是给孩子动力，可以激发孩子以后做得更好。否则，强硬地不答应，孩子也许会产生逆反心理，更有可能去破坏规则了。

（3）**好爸爸以身作则，自己首先遵守规则**。有了规则，好爸爸就要和孩子一起去遵守，给孩子起表率和示范的作用。如果好爸爸自己做不到，那就很难要求孩子去做到。包括不挑食不浪费、有礼貌讲文明等这样的事。这样有原则的好爸爸才会和孩子在规则的约束下更好地成长。

（4）**让孩子学会说"我自己来"**。要制定一些引导孩子的策略。年龄幼小的孩子，一般还没有清晰的逻辑思维，常常不能完全理解父母的用意。我们要懂得说服孩子的艺术，让孩子消除对爸爸的抵触情绪，在开心的环境中得到锻炼。

第七章 鼓励引导型好爸爸：
给孩子动力与空间

话语是孩子重要的表达工具，让孩子大声说出自己的看法，心情才不会受到压抑。孩子的表达能力越强，越能获得更多的关注和更好的帮助。

　　好爸爸要努力营造民主的父子（父女）交往环境，这样孩子才敢知无不言、畅所欲言。孩子只有乐于和爸爸说话交流，才不会给自己的心上一把锁，而孩子能向爸爸打开心门，说出自己的胆怯、疑惑、灵感，就可以拥有更完整的人格。

　　孩子不愿意主动向爸爸倾诉，爸爸也就很难管好孩子。孩子有了问题，爸爸不能够及时给予鼓励引导指引，会影响孩子的成长。

● 第一节 经常鼓励孩子，而不是逼迫和苛求

教育的真正目的就是让人不断地提出问题、思考问题。

——美国哈佛大学名言

军军从小就喜欢解放军，已经三岁的军军仍然十分喜欢和伙伴们一起玩打仗的游戏，手里时刻拿着爸爸给买的手枪、冲锋枪等玩具，很是淘气。不过，他也有严肃的时候，那就是看教育战争片的时候，比如《地道战》、《地雷战》、《铁道游击队》等，只要一看到里面有解放军叔叔，他就会严肃、认真地看起来，和伙伴们玩的时候也模仿电影里解放军的动作，自我感觉很酷。

军军的爸爸是一个广告公司的经理，工作比较忙，经常很晚拖着疲惫的身体回家。好不容易有一个休息的星期天，他带着儿子军军去公园玩，一路上军军高兴地背着自己的冲锋枪拽着爸爸的手，突然他目不转睛地向一个方向看去，并大惊失色地问爸爸："爸爸，你看！那个小孩叫解放军爸爸！"爸爸奇怪地朝军军看的方向看过去，原来一个身穿军服的军人牵着一个小孩子，那小孩嚷着让爸爸给他买玩具。

军军问爸爸："解放军怎么会有孩子呢？"

在军军眼里，解放军应该是冲锋陷阵的战士，怎么可能有孩子呢？军军的这一问题让周围很多比较大的孩子向军军和爸爸看过来，爸爸面对孩子这一奇怪的问题一时也不知道该怎样回答，爸爸虽然有点不好意思，但还是很耐心地对军军说："这是因为啊，解放军叔叔上了战场是英雄，到了生活中呢，他和爸爸一样都是普通人，所以啊，他也有孩子也不奇怪啊。"

"可是，那个小孩很不乖啊，不服从解放军的命令……还哭鼻子……我要是解放军的孩子，我就不会哭。"

"呵呵，我们军军即使不是解放军的孩子，但却像解放军一样坚强，勇敢。"

"对了，爸爸，那解放军怎么没拿枪呢？我看了，他没有拿长枪，腰上也没有短枪……"

"哇，这都让你发现啦？关于枪这个问题，涉及'机密'，所以我们不如等到回到家后，再开个军事会议，好好商谈一下如何？"

"好吧……"

在这个故事中，军军的问题对爸爸来说，真的很难用一两句话就能回答清楚，军军爸爸的回答虽然不是很完美的，但是让军军看到了爸爸的认真。

通常在家里，爸爸的主要工作是事业，为了生活，大多数爸爸每天都会忙得焦头烂额，对孩子的教育很少过问，大多数爸爸遇到自己觉得荒唐的问题，第一反应就是不耐烦，可笑，然后为了不再让孩子问类似的问题，他们一般会用"这问题你也问，妈妈没有教你吗""你问的这是什么问题，有时间琢磨这个，不如多看看书"等类似的回答，爸爸这样的做法是极其错误的，这样会严重摧毁孩子思维的积极性。其实对于孩子来说，不管问出什么样的问题，都是有其中的道理的，孩子的心灵是天真纯洁的，在问问题之前他不会想那么多，只要觉得自己不明白，他就会发问，而孩子的这些问题对于孩子思维的发展有很大的促进作用，实践证明，思维都是从问题开始的。

可能是由于爸爸们工作、心情等原因的影响，面对孩子的问题可能会表现出厌烦、斥责或冷淡，孩子的提问如果长时间受到爸爸的这种对待，那么孩子以后就再也不敢提问了。孩子想问的问题没有得到解答，遇到新问题他也不会再问，长此以往，孩子的大脑就不会积极地进行思维，对什么事只是一知半解。

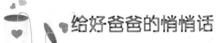

给好爸爸的悄悄话

孩子经常问爸爸一些问题，这说明孩子善于发现问题，孩子喜欢思考，这在孩子的学习成长中是非常重要的，孩子的好问加上爸爸正确的回答，这不仅能让孩子的知识得到飞速的增长，而且还能很好地培养孩子的创新精神和实践能力，让孩子在游戏的快乐中增长知识。

对于孩子的一般问题，爸爸可以用最通俗、容易理解的语言告诉孩子，而对于一些比较难以回答的问题，爸爸不能拒绝孩子的问题，或者敷衍了事，爸爸可以先了解孩子问这个问题的原因是什么？孩子为什么会问这样的问题？然后根据孩子的动机，再给孩子一一解答。那么爸爸面对孩子千奇百怪的问题，该怎样面对呢?

（1）积极回应孩子的问题。孩子的问题可能有些幼稚、可能有些不着边际，但是不能因为这些就轻视孩子的提问。对于孩子的提问，爸爸应时刻保持一个积极的心态去面对，孩子提问，这说明孩子思考了，爸爸首先要肯定孩子的思考行为，面对自己不知道的问题，不要去"忽悠"自己的孩子，可以坦诚告诉孩子，让孩子看到你的真诚，比如说："这个问题你问得特别好，但是爸爸目前还不知道，等我查了书再告诉你好吗？"

（2）鼓励孩子问问题。由于孩子生长的环境不同，致使孩子的性格也不同，不同性格的孩子对于提问题有自己的看法。有些孩子的性格比较内向，很少说话，这样的孩子很少提问题，面对这样的孩子爸爸要鼓励孩子"敢问"，只有从小敢于提问题，长大后他才会成为一个勇敢的人。也许内心的孩子怕提出的问题会受到爸爸的批评，或者受到别人的讽刺，但是只要让他敢于提出问题，他就会跟快的得到问题的真理。

鼓励孩子，让孩子善于提问题。刚才说了，孩子经常提问题会很好地锻炼孩子的思维能力，经常提问题的孩子是一个爱动脑、爱思考的孩子，孩子经常是在思维的过程中提出问题的，在孩子提出的问题解决之后，爸爸应鼓励孩子经过思考后再问，引导孩子怎么去思考，怎么去问，如何问才能够得到问题的关键之处，培养孩子一种打破砂锅问到底的精神。无论遇到什么问题都要问个水落石出，这样孩子的脑子便会在思考中得到锻炼，在不停的思考中提高提问题的水准。

另外，鼓励孩子互相提问题。爸爸应经常培养孩子互相问问题的习惯，俗话说"三人行必有我师"，在爸爸解决孩子的问题之后，鼓励孩子向自己问问题，这样即使在爸爸不在的情况下，孩子还可以去问同学、问老师、问小朋友。培养孩子一种互相学习的精神，让孩子看到别人是怎么解决问题、怎么对待问题的。

（3）引导孩子提问。面对不喜欢提问、对于问题无动于衷的孩子，爸爸要引导孩子提问，引导孩子去观察，去思考，让孩子的思维处于积极的活动状态中。比如在孩子玩遥控汽车的时候，爸爸可以问孩子："汽车为什么会跑呢？""为什么只要动一下遥控按钮，汽车就会转弯呢？"这样孩子就会积极去思考，有助于孩子的思维发展。

第二节　教育孩子要少批评

真正的文化以同情和赞美为生，而不是以憎厌和轻蔑为生。

——美国教育家威廉·詹姆斯

　　邻居家的小孩小美哭着带着伤痕跑到洋洋家让洋洋的爸爸为自己主持公道。看着满脸伤痕的小孩，洋洋爸爸真想一耳光扇在洋洋这个经常惹事的孩子脸上，但是，当他看到洋洋恐惧的眼神的时候，他知道自己不可以，因为，洋洋已经挨过太多次的打了。

　　那样的教育非但没能阻止洋洋犯错反倒还加深了洋洋犯错的几率，而且自己前不久还和老婆去上了关于教育孩子的课程，在课程中老师曾多次讲到"经常批评、打骂孩子是教育的禁忌"。

　　这样的教育不仅不利于孩子成长，反倒会起到反面的教育，容易让孩子产生逆反心理，增大教育的难度。

　　于是，洋洋爸爸决定换种方式，他对洋洋说："洋洋，打人是不对的，以前你也经常被爸爸打对不对，你也体会过挨打是不好受的，对吧？那时是爸爸不好，可现在小美被你打成这样，你说我们是不是该向小美道歉啊！那样才是好孩子对吧？"

洋洋露出了惊讶的表情，他想不到这个经常在自己闯祸后对自己打骂的人竟然以这样一种不同于往日的面容登场，一时之间惊呆了。爸爸又一次问洋洋："是不是啊？"

洋洋瞬间从惊呆中醒了过来，忙点头说是。

洋洋对小美说："小美，对不起，我不是故意打你的，只是刚才不小心绊到了石头才不小心把你给推倒的，你能原谅我吗？你放心，以后我会保护你的，原谅我好吗？"洋洋小心地问道。

小美破涕而笑说："嗯，你说的哦！说话要算数，以后不能让别人欺负我，我们拉钩。"

于是，两个小孩子就一起拉钩说："拉钩上吊，一百年不许变。"然后都跑去玩了。

在以后的道路上两个人也一直都是很好的朋友。

故事中的爸爸在自己教育孩子的同时，想到以前教育的误区，及时地制止了自己向误区进一步靠近，这样的爸爸无疑很理智。因为在现实生活中，很多爸爸都是一个急性子，很少能在问题发生的时候还保持理智的思维，而这样的爸爸带给孩子的无疑也是一个理性的世界。

给好爸爸的悄悄话

孩子的心理世界是个宝，在爸爸眼里，孩子有时很无厘头，喜怒无常。其实，孩子的成长离不开爸爸的引导。

如果，把爸爸妈妈划分一个区域的话，妈妈就是孩子前期的诱导老师，而爸爸是孩子后期的辅导老师。诱导老师在于对孩子出生后的前期进行植入性的引导，而爸爸是孩子成长后期的辅助性的引导，可以说，在教育孩子上，爸爸妈妈的分工是同等重要的，所以在教育孩子上千万不要找借口，如何做个好爸爸，这里有总结性的几点：

（1）**摒弃打骂的传统教育，学习正确的教育方法。**打骂教育无疑是老一辈对教育的误解而导致其向下一代延伸的一个过程，在老一辈的眼里孩子做错了事，只有通过打骂的方式才会让他记住这个教训，这就是所谓的"吃一堑，长一智"。而随着世界文明的发展，所有的关乎粗俗的教育方式都值得我们去改写。

而好爸爸是关乎孩子成长的辅助器，更应该树立正确的教育理念，而不是随波逐流似的教育，作为好爸爸应该给孩子创建好的教育环境，不能让孩子幼小的心灵住着一位老先生。

（2）**多赞扬自己的孩子，鼓舞孩子的上进心。**孩子的成长离不开赞扬，赞扬是对孩子自身表现的一种鼓励，可以促使自己的孩子更加努力奋进。

时常表扬自己的孩子，会让孩子的内心充满阳光，对未来的世界有很好的憧憬；经常表扬自己的孩子，可以鼓舞孩子的上进心，让孩子更加积极地表现自己。

（3）**鼓励孩子做自己想做的事情。**只要孩子想做的事不会构成对他人的威胁或伤害，爸爸就应当鼓励孩子多做一些开阔视野的事情，孩子往往可以看到不同于大人的一些新的概念。孩子是最具有创造力的人了，而孩子想象力的成长是从幼年开始就有的，很多家长在羡慕别人的孩子有创造力的时候却不曾想以前自己的孩子也有同样的能力，只是那时在你看来是不可能的，孩子纯属瞎闹，也正因为如此，你扼杀了孩子的想象力，使孩子的未来不能很好地发展。

第三节　教育孩子要注意技巧，循序渐进

　　孩子的身上存在缺点并不可怕，可怕的是作为孩子人生领路人的父母缺乏正确的家教观念和教子方法。

——美国作家珍妮·艾里姆

　　猫猫是个很有爱心的孩子，想象力也很丰富，对于自己没有见过的新鲜事物都透露出极强的好奇心。

　　猫猫的爸爸是一位著名的儿童教育专家，对孩子的教育有着充分理解，他知道孩子的幼年教育是很重要的，所以不同于其他的父亲。他采取的是放松正确的教学方式，让孩子可以尽可能发挥自己幼年丰富的想象力和创造力。猫猫的爸爸向来没有因猫猫所问的问题奇怪就拒绝回答，这给了猫猫一个很好的发展空间，所以，相比其他孩子，猫猫是聪明的。

　　记得上次爸爸带猫猫去公园玩，在一座假山附近，猫猫看到一个卖鱼的小贩，就定在那里不走了，爸爸蹲下来问猫猫："猫猫，你在看什么啊！怎么不走了呢？"

　　只见猫猫把嘴巴凑到爸爸的耳朵前说："嘘，我看到那条鱼一直盯着我看，它真厉害，眼睛都不眨一下，要是我的话早不行了。"

猫猫的话逗乐了爸爸，爸爸向猫猫盯着的方向看去，可不是吗？那是一个独立的鱼缸，或许是因为这条鱼的体积要大于其他的鱼，所以它得以独自享用一个鱼缸，而鱼现在的位置正好面对着猫猫，看起来就真的像是在盯着猫猫看，而科学的理念解释学说"鱼是没有眼皮的，所以不会像人一样眨眼睛"。

于是，爸爸告诉猫猫说："孩子，小鱼是因为喜欢你所以才盯着你看的，但小鱼不眨眼睛是因为它缺少我们人类所拥有的一样东西，你知道是什么吗？"

猫猫盲目的摇了下头说："不知道。"

爸爸接着说："那你想知道是什么吗？"

猫猫肯定地点了点头。于是，爸爸讲解到："小鱼缺少了我们人类眼睛上的一个遮盖物——眼皮，这是小鱼不能闭眼的主要原因，也正因为小鱼没有眼皮才得以在水里来去自如啊！"

猫猫同情地看着小鱼说："爸爸，那小鱼不是很可怜吗？连它睡觉也要睁着眼睛呢！我们把它带回家好好养着好吗？我会好好地对待它，那样它心里会好受些。"

爸爸疼爱地摸了摸猫猫的头说："好啊！不过爸爸要提醒你，小鱼的存活率不是很高哦！你养了小鱼后要经常帮它换水，但是，只可以用学习以外的时间照顾它哦！其他的时间爸爸会帮你照顾，一定不能因为小鱼而耽误学习，告诉爸爸，你能做到吗？"

猫猫调皮地做了个军姿说："爸爸的命令猫猫绝对完成。"

猫猫真是个可爱的孩子！在猫猫的身上我们能看到所有属于小孩子的个性"天真、善良、富有观察力"；这些好的品行是孩子从出生的时候就有的，只是会教育的爸爸注意培养孩子突出这些品行，而不会教育的爸爸在不当的教育方式中扼杀了孩子的品行。所以说，孩子的教育是不容忽视的，更是要不断完善的。

给好爸爸的悄悄话

孩子其实都一样的，都是在妈妈的肚子里裸体亮相，经过爸爸的包装才有了现在不同个性的模样！因此，孩子的健康成长有很大一部分责任在于爸爸。

所以说，学着做一个合适的好爸爸是每个不成熟的爸爸必须要做到的。如果你读懂了下面的话并能把他运用到对孩子的教育当中的话，你将拥有十分之一成为好爸爸的机会了。

（1）**注意培养孩子好的生活习惯**。如果孩子在小的时候没有养成好的生活习惯的话，这将会成为阻碍他人生路上的一个障碍物。所以，"打铁要趁热，除虫要趁早"，好爸爸在看到孩子的不良习惯时应当立马制止，帮助孩子积极地改正不良习性，并给孩子讲解不良习性将会带来的严重后果，让孩子深刻理解并以此为戒。

（2）**教育孩子要讲究方式，而不是强输猛灌**。"强输猛灌"这样的方式是绝对要禁止使用的。这样的方式不仅不利于孩子和爸爸之间增进感情，更能影响孩子正常的判断事物。这样的教育方式被广泛的社会学者称为"压迫反教学式"，是一种令孩子反向思维的不当教育手段，又称"短路式"教育。这样的教育会让孩子面对问题没有自己的解决方式，完全按部就班地沿袭他人的思维方式，最终成为教育的牺牲品！

（3）**培养孩子的兴趣爱好**。从小培养孩子的兴趣爱好是每个爸爸都必须要做到的。培养孩子的兴趣爱好是根据孩子小时候对事物的敏感度来判断的。孩子小的时候会对自己吸引自己的事物有很强的好奇心。当然，这需要爸爸仔细地观察，然后根据孩子对事物的喜好来决定培养孩子的兴趣，孩子只有在自己喜欢的事物上才会有超常的表现。对数字敏感的孩子加以培养会成为数学天才，对动物感兴趣的很可能成为生物学家。正如喂饭要对口一样，教育也要对口。

第四节　了解孩子的特点，不拔苗助长

人像树木一样，要使他们尽量长上去，不能勉强都长得一样高，应当是：立脚点上求平等，于出头处谋自由。

——中国教育家陶行知

"爸爸、爸爸，我长大了去做个运动员，你说好不好？你看，运动员多受人们喜欢啊！我成了运动员一定也可以那样的对不对？"小女儿吉吉看着女子跳水运动员，急切地问在厨房做饭的爸爸。

爸爸甩了甩手上的水，坚定地说："是，我女儿如果当了运动员一定能吸引很多人的眼球，首先爸爸就会成为你的头号粉丝。"

"可是……"爸爸犹豫了一下说。

"什么啊？爸爸，是不是我做不了，你快告诉我啊！我都急死了。"小女儿急切地问着爸爸说道。

"那倒不是，只是想成为运动员要有棒棒的身体，还需要有很好的心态和承受能力，你可以承担吗？"爸爸反问道。

"可以的，可以的，运动员都是受过训练才那样的，只要我现在也开始加强训练一定也可以那样的对吧？爸爸。"吉吉小心地问道。

"基本上是那样的，可是吉吉你如果不改掉急躁的脾气的话，即使你真的很好，国家也不一定会用你哦！因为在比赛中每个人都必须遵守制度，而不是任意妄为哦！"爸爸做了个鬼脸说道。

吉吉不服气地说："哼，爸爸不要小瞧人，吉吉说的话绝对说到做到。"

"是，我女儿这么优秀一定可以做到的，爸爸相信你，那从现在开始吉吉就要好好吃饭哦！不可以挑食的，运动员可没有人挑食吧？"爸爸怜爱地看着女儿说道。

"嗯，我以后都不挑食了，我一定好好地吃饭，吃得饱饱的，长得壮壮的，那样我就可以当运动员了。"吉吉满意地说道。

从那次过后，女儿吉吉就真的开始不挑食了，并且开始努力练习，每天早上都会叫爸爸起床陪自己锻炼，在生活中也很少再发脾气了。

以前的吉吉就是一位任性的小公主，稍稍不满意就开始生气，撅着小嘴不肯吃饭。现在的吉吉就像是换了个人一样，听话、懂事，关键是不挑食，开始很好地锻炼自己了。

吉吉的故事告诉爸爸们一个道理：孩子是很重信用的。孩子在出生的时候这些好品质都是随身携带的，只要爸爸可以找到合适的方法把它挖掘出来，那对孩子和家长来说都是一个好的开端。而这个故事正好就是对这个特点的验证。

细心的爸爸会发现，有时当你阻止孩子去做一件事情的时候，孩子会极其逆反地不顾你对他的打骂也要去做自己要做的事，这是孩子守信用的表现。如小强的例子一样：

放学以后，小强放下书包就往外跑，爸爸拦住小强说："都要吃饭了你要去哪里啊！"

小强说："我要去小鹏家玩，刚放学的时候说好的。"

爸爸说："不许去，作业都没写就要去玩，回屋写会儿作业等会吃饭了。"

小强抗议道："都说好了的，做人不可以不守信用的。"

"不行就是不行，你去的话看我怎么收拾你。"爸爸生气地说。最后，小强还是不顾爸爸的威胁，履行自己的承诺去找小鹏了。回来后，小强被爸爸狠狠地打了一次，原因是小强不听话。尽管这样，小强依旧不后悔。

小强爸爸的做法无疑是不正确的，他只重视孩子是否听自己的话却忽略了孩子自己的话，每个教育孩子的爸爸都要记得，你教育孩子是为了孩子能有个更好的未来，而不是只听你话的小猫小狗。

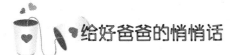 **给好爸爸的悄悄话**

每个孩子身上都有他独特的个性，无论是守信、诚实还是助人为乐，只要是好的特点，爸爸都应该帮孩子把它放大，而不是去说些摧毁性的话或是做一些阻碍性的举动。**好爸爸该做的是发现孩子的优点，避免孩子的缺点，为孩子做最正确的引路人。**那么，要做好这个引路人爸爸要做好什么呢？

（1）**知道孩子的品性，引导孩子沿着好的品性行走。**孩子小的时候是不会知道好坏的区分的，在孩子的眼里一切顺从他的就是好的，而一切他不能接受的都是坏的。就像对孩子管教严厉的爸爸在孩子心里除了恐惧就是讨厌了，因为孩子讨厌爸爸总是很凶地管着自己，使自己没有一点独立的时间，而溺爱型的爸爸在孩子的眼里是受欢迎的，因为爸爸会顺从自己，做什么都会依着自己。所以说爸爸的教育方式决定孩子品行的走向。但并不是说在孩子的眼里你是好爸爸你就做对了，就如同溺爱型的爸爸，其实不是的，决定爸爸好坏的关键在于爸爸的教育成果，好的爸爸教会孩子善良友助，坏的爸爸教出的孩子任性妄为。

（2）**教育孩子要脚踏实地，而不是好高骛远。**"好高骛远"的意思是不根据自己的真实能力盲目地追求目标，这样的做法最后的结果往往是无功而返，自食苦果。因此，好爸爸一定要注意让孩子找准自己的落脚点，而不是漫无目的地到处瞎撞。如果你真的任由孩子那样做的话，最后孩子在生活中处处碰壁的时候，这个责任归咎于谁？那时候责任依然是你的，你就相当于搬了块大石头最后却砸到了自己的脚。这样的结果应当是尽量避免的。

（3）**引导孩子如何正确地认识自己的不足。**这就犹如故事中的爸爸一样，在孩子陈述自己理想的时候，适时地加入孩子的一些缺点却不致孩子厌烦，并能指导孩子认真地思考自己的缺点，并积极地改正，这是教育的一个新的开发点，可以使爸爸根据孩子的不同反应来教育孩子。

第五节　鼓励孩子提问题

在达到理智的年龄以前，孩子不能接受观念，只能接受形象。

——法国著名思想家卢梭

"爸爸，为什么太阳只从东边升起啊？"

"爸爸，为什么太阳不像书上面的那么可爱啊？"

"爸爸，蝴蝶好漂亮，可是为什么都说它是可怕的虫子变的啊？"

"爸爸，为什么……"每天小凯总会问很多奇怪的问题，可小凯的爸爸从没因此就阻止小凯提问。相反的，小凯的爸爸会很认真地回答小凯，并鼓励小凯提问。

爸爸会告诉小凯："凯凯，太阳从东边升起的原因从科学的角度来讲是因为地球是自西向东自转的，所以你会看到太阳从东边升起。而爸爸觉得通俗的理解应该就像现在的高科技产业一样，你给它输入了一些公式它就只能沿着公式里的程式进行，而太阳从东边升起就好比我们所说的老天给了它一个那样的公式，而想重新换种公式应该只有老天才做得到哦！"

爸爸缓了口气接着说："至于太阳为什么不像书中那么可爱是因为教科书是为了刺激你们的眼球让你们可以容易接受啊！你们还小，比较喜欢可爱的事物，这完全是现在的科学为了你们的成长量身定做的哦！而虫子变蝴蝶在生物学上被称为蛹化，是它生长的过程，顺应自然需求的。"

所有的问题只要小凯问了，爸爸绝对会认真回答，有时候爸爸也会出一些小问题来考小凯，小凯总是积极思考，不会的问题就再反过来问爸爸，让爸爸给自己讲解。

有一次正在下雨，爸爸问小凯："凯凯，你知道雨是怎么形成的吗？"

"因为雷公打喷嚏了。"小凯得意地说，他今天刚看了《西游记》里面孙悟空借雨的事。

爸爸笑着说："那是不科学的，想知道最正确的解释吗？"

小凯忙说："想！"

爸爸接着说："雨是由大气压力挤压云层所形成的。"

"爸爸，什么是大气压力啊？"小凯不解地问。

"关于大气压力的问题我们可以在网上搜索啊！爸爸的解释没有网上仔细。走，儿子，上网搜资料去。"爸爸刮了下小凯的鼻子说道。

小凯顺从地跟着爸爸去网上找资料去了。

故事中的爸爸是所有的爸爸都需要模仿的对象，小凯爸爸对孩子认真教育的态度是现在的老爸普遍所缺少的，还有小凯爸爸的孩子气。其实，所有的爸爸都是从小时候走过来的，因此应当可以了解孩子需要的是什么的。但现在很多爸爸都会以工作繁忙为由拒绝孩子的要求或问题，还有些爸爸会给孩子一些钱让孩子自己玩去。其实，钱给多了，语言少了，你会发现，渐渐的，感情就没了。

孩子是需要培养的对象，并非累赘物，教育孩子绝不可以松懈，爸爸应当做到的是为孩子提供更好的学习教育的环境，触发孩子的想象力，让孩子可以勇敢、正面地去面对现实所带来的问题，而不是阻止孩子发问，打消孩子的积极性。

给好爸爸的悄悄话

孩子小时候就是个十万个为什么，好爸爸鼓励孩子并帮助孩子解答的时候，孩子就是个书写有答案的十万个为什么。

而坏爸爸打消了孩子提问的积极性并不予理睬的时候，孩子就成了所有答案都为"不知道"的空白问答书卷。这无疑是好爸爸和坏爸爸鲜明对比的一个结果。

当你还在为孩子的愚笨恼火的时候，你不妨先想下你给了孩子一个什么样的教育，当你觉得你的教育方式真的合格的话，你再去批判你的孩子吧！只有那时你才有资格这么做。如果你觉得自己不是一个好爸爸而想努力改正的话，相信下面的几点可以给你帮助：

（1）**给孩子创造机会，让孩子学会不懂就问**。现在爸爸的教育大都属于"强迫性教育"，是指在孩子还未提问的时候就事先给孩子讲解，而所谓的事先讲解是指爸爸发现了一个问题，觉得孩子不懂然后就讲给孩子听，完全没有经过孩子的同意。这样的教育出发点是好的，但这样的做法同样能打消孩子的积极性，让孩子的心里产生"无论如何爸爸会给自己讲的，只是时间的早晚罢了"的想法。这样的心理一旦产生，孩子将会放弃发问的机会，一切都要等着爸爸主动讲出来。

好爸爸应当是为孩子创造提问的机会，时常留些悬念给孩子，促进孩子的大脑发育。

（2）**经常向孩子提一些有趣的问题，激发孩子的想象力**。孩子的大脑是个有无限能量的狂想器。简单的事情孩子都能想出很多问题和答案，因此，孩子又是一个无编码的编辑器，而爸爸在面对孩子的狂想时不应该采取泼冷水的方式，应该鼓励孩子孩子发现问题，和孩子一同解决问题。

（3）**鼓励孩子树立梦想**。有了梦想就相当于有了拼搏的目标，有了目标才能更好地努力向前冲。错误的观念告诉爸爸树立目标是从青年开始的，实际上从孩子有能力思考的时候就应当帮孩子树立目标。但选定孩子目标的不是爸爸，而是孩子个人，爸爸要通过对孩子的观察，根据孩子的喜好来确定孩子的目标，孩子幼年有很强的表现欲，相信只要爸爸努力观察就不难发现。

第六节 鼓励孩子的梦想

梦想只要能持久，就能成为现实。我们不就是生活在梦想中的吗？

——英国19世纪著名诗人丁尼生

很多年前，有这样一对小兄弟，他们每天的工作就是跟着爸爸去草地上放马。有一天，这兄弟俩躺在草地上，看着头顶的蓝天白云，看着头顶的小鸟自由自在地从蓝天白云之间飞过，他们在想："要是我们也能够飞起来那该多好啊！"这时又有一只燕子从他们头顶掠过，他们从草地上跳起，想跟着燕子一起飞起来，可是他们怎么也飞不起来，他们觉得很沮丧，于是就去问爸爸："爸爸，为什么燕子能飞起来，而我们飞不起来呢？"爸爸肯定地告诉他们："只要你们有想飞的念头，你们就一定能够飞起来的。"这两兄弟又说："我们特别想飞，可是怎么也飞不起来，这是为什么啊？"爸爸很坚定地说："你们想飞的欲望不够强烈，只要你们有足够强的欲望，你们就一定会飞起来的。"

从此以后，这两个兄弟每天都想着如何让自己飞起来，为了实现自己的梦想，他们做过很多的实验，比如说给自己做一对大翅膀，然后从高处跳下，为此他们还受到了很多的苦和伤害，虽然实验一次次失败了，但是他们没有放弃，他们更加努力和学习，根据风筝和鸟的飞行原理，于1903年制造出了世界上第一架飞机。他们的梦想实现了，兄弟俩终于飞上了蓝天，成为了世界的骄傲。这对小兄弟就是大名鼎鼎的飞机发明者——美国莱特兄弟。

莱特兄弟的成功，最重要的是他们坚持了自己的梦想，想要飞起来的愿望给了他们很大的动力，梦想产生了动力，而动力不断地激发他们，为了实现梦想而不断地努力学习。莱特兄弟因为坚持了自己的梦想而成功，当然更重要的是他们有一位好爸爸。

莱特兄弟的爸爸给了他们实现梦想的动力，其实对于每一个孩子来说都有自己的梦想，不管这个梦想现实与否，都是孩子心中的希望，有的爸爸听到孩子有些不现实的梦想会不屑一顾甚至给孩子的梦想泼冷水，这种做法是完全错误的，不仅毁掉了孩子美好的梦想而且毁掉了孩子学习的动力，还有可能毁掉了一位著名的科学家。

大多数父母都抱怨自己的孩子学习不积极、生活上很懒散、没有什么爱好兴趣等，孩子产生这种现象的原因之一就是孩子没有梦想或者梦想被爸爸破灭。梦想是一个孩子奋斗的目标，孩子可以为自己的梦想付出自己的努力，一个努力的孩子难道学习还会不积极、生活还会懒散吗？

每个人都有这样的体会，当自己因为喜欢而做某一件事的时候，我们会非常高兴并心情愉悦地去完成它，而当自己因为被逼无奈去做某件事的时候，我们肯定是非常郁闷，而且做事的效率和质量会大大降低。其实孩子也是一样，梦想是孩子最向往最喜欢的东西，为了梦想孩子会很高兴地去做很多的事情，只要爸爸面对孩子的梦想，能够正确地引导和对待，那么孩子在学习上或者生活上就会产生很大的动力，即使再苦再累，孩子也会从中体会到快乐的意义。所以梦想是孩子快乐的源泉，梦想会促使孩子取得更大的成功。让孩子把梦想作为自己前进的动力，就需要每一位爸爸的鼓励和引导。

给好爸爸的悄悄话

孩子小时候，他们最可贵的地方就是他们的异想天开，对什么都无所畏惧，他们不怕不完美，他们敢去想那些在大人看来是不可能的事情，这就是孩子的梦想，也许他们的梦想不能够实现，但这会成为孩子的一种动力，激发着孩子为了自己的梦想去拼搏和努力。

在家庭教育中，爸爸一定要鼓励孩子坚持自己的梦想，不要因为孩子的梦想不着边际而泼冷水，因为梦想对于孩子以后的成长和成功都非常重要。那么，爸爸在面对孩子的梦想时，应该怎么做呢?

（1）**不要给孩子的梦想泼冷水。**梦想和现实之间有差距这是肯定的，但是并不能因为梦想不现实就泼冷水，打击孩子的梦想，孩子的梦想就像是心目中神圣的殿堂，为了自己的梦想他们会努力奋斗，这也是他们前进的动力。很多爸爸面对孩子的梦想，总是站在成人的角度告诉孩子梦想是不可能实现的，或者打击孩子的梦想，这不仅打击了孩子的自信心而且还摧毁了孩子努力的积极性。

一个刚刚接触物理的孩子，在一节节的物理课学习中，他对物理产生了浓厚的兴趣，常常想自己长大了一定要当一位物理学家。回家后他马上把这个想法告诉了爸爸，希望得到一点肯定的回答，然而，爸爸并没有鼓励孩子的梦想，反而对孩子说："物理学家哪有那么好当，全国十几亿人口，当了物理学家的有几个? 还是现实一点，学好了有个好成绩，如果做一位物理老师那你就烧高香吧。"孩子的梦想被爸爸否定之后，觉得当了不了物理学家，那么学习还有什么意思呢? 他开始对自己学习物理产生了怀疑。有一次物理测试考得不是很好，爸爸知道后就说："连最起码的课程都学不好，还当什么物理学家啊，我看啊，你连个物理老师也做不了。我不求你别的，只要别给大考扯后腿拉低了总体分数就行!"一次又一次的"冷水"泼过来，孩子似乎已经转失望为绝望，之后的性情也变得古怪起来。越是这样，爸爸就越是生气，责骂变本加厉起来，最终，孩子开始有了"破罐子破摔"的趋势，他沉迷于网络游戏，旷课也成了家常便饭，自然学习也在不断下滑。

梦想可以让孩子的心变得炽热起来，可以让他们对生活及学习充满了热情，而爸爸们的不善于表达，使得孩子的心"凉透了"。所以爸爸们不要轻易地打击孩子的梦想，打击孩子的梦想就是打击孩子的积极性，打击孩子学习的动力。孩子的梦想就像是汽车中的油，只有有了油，汽车才会跑得快。

（2）**帮助孩子建立梦想。**由于孩子的性格、生长环境的不同，每个孩子的梦想都不一样，有的孩子的梦想可能比较长远，比如说做一名飞行员，做一名科学家，做一名医生等；有的孩子的梦想比较浅短，比较注重眼前，比如说梦想有一个笔记本电脑，梦想有一辆汽车等；有的孩子的梦想比较虚幻，比如说有的孩子长大后梦想做奥特曼，做一个大英雄惩恶锄奸，等等。面对孩子不同的梦想，爸爸要为孩子构建长远的、有效的梦想，既要看到孩子目前的情况，又要看到孩子长远的发展，让梦想激发的动力更加长久。

（3）**不断地加强孩子的梦想。**前面说过孩子的梦想，可能会由于社会环境的影响而渐渐减退，孩子的梦想如果遇到一些挫折或者失败，孩子会对自己的梦想产生怀疑甚至放弃，这时爸爸就要根据情况时刻巩固孩子心中的梦想，让孩子坚信自己的梦想。比如孩子喜欢想成为一名篮球运动员，爸爸可以根据情况经常带孩子去体校参加一些正规的比赛，带孩子去看比较有规模的篮球赛，有机会的话还可以让孩子和有一定资格的运动员进行交流，这样不仅能够很快提高孩子的技术水平，而且还会使孩子对自己的梦想越来越强烈。

第七节　注重孩子的长远发展

播种行为，可以收获习惯；播种习惯，可以收获性格；播种性格，可以收获命运。

——英国作家萨克雷

小欢以前是个非常活泼的小女孩，但是从六岁起就不怎么说话了，面对陌生人她只会躲在爸爸的身体后面。爸爸很是好奇，因为在平时的教育中，爸爸从没有怎样苛求过小欢，他不明白小欢这样表现的原因所在，但也从没放弃过对小欢的引导，他知道作为小欢的监护人他有责任给小欢一个阳光的未来。

爸爸带着小欢去看过好多医生，但医生的检查结果总是说小欢没事，可小欢还是一如既往地不说话。最后爸爸带着小欢来到了儿童心理咨询室，通过心理医生的观察得知小欢得的是"心理胆怯式自闭症"，这种症状是孩子本身携带的，是因为胎教不好或是孩子记事后的一些可怕景象导致孩子语塞所造成的后果，而这样的症状，除了需要家长细心照料外，还需要家长多和孩子沟通，刺激孩子的表达欲，让孩子自己找说话的动力。

爸爸知道他绝不能放任小欢这样子下去，那样的话小欢的未来就会被毁掉，而爸爸是绝不能眼看着孩子走进黑暗，他要和时间抗衡，一定要为女儿找到好的未来。

"哇！这花好香啊！你说是不是啊！小欢。"

"小欢，你看那只小狗好可爱啊！是不是啊！"

"小欢，那边的水好凉啊！快来啊！我们一起到水里去玩吧？"

"小欢……"每天爸爸总会说一堆这样的话来刺激小欢，渐渐的，爸爸发现小欢看东西开始有神了，这是一个好的转机。

于是，爸爸更加努力地刺激小欢的语言神经，每天都会说很多话给小欢听，终于有一天：

"爸爸，我们去上次的公园玩好吗？那里的水好清、好凉哦！"小欢说道。

爸爸不相信地瞪大了眼睛看着小欢，小欢调皮地说："怎么，爸爸不喜欢听到我说话吗？那我再不说了哦！"

"不是，不是，爸爸是高兴……高兴啊！走，咱这就出发！"爸爸激动地说。

走到门口的时候听见小欢对自己说："爸爸，谢谢你！我爱你！"

后来在小欢的描述中爸爸才知道，小欢六岁的时候放学经过一家小商店，看到商店老板正在打自己的女儿，态度很凶狠，边打边骂说："让你多嘴，让你多嘴，现在接着说啊？"小女孩哭得很厉害，可是商店老板一直都不住手，而商店老板凶狠的样子就这样被小欢记住了，所以给小欢造成了很大的心理阴影，使小欢一时无法接受，导致小欢患了"心理胆怯式自闭症"而拒绝说话。

现在，小欢又恢复成了以前的样子，爱说爱笑。

孩子的成长离不开爸爸的呵护，虽然爸爸不能时刻陪在孩子身边，但也要给孩子最好的呵护。故事中的爸爸虽然没有保护好孩子，但那毕竟不是他的错，因为他也想不到，而爸爸为孩子后期的康复做着很大的努力，这是有目共睹的。好爸爸绝不会因孩子的缺陷而对孩子不管不问，相反的，好爸爸会更加努力地给孩子最好的教育，因为好爸爸知道孩子的未来大于一切。

给好爸爸的悄悄话

用一句很俗套的话来解释为什么要做个合格的好爸爸，这就是"养儿防老"。无论你年轻的时候有多么风光，老的时候依然需要靠孩子的赡养，这就是人类的循环定律，或许这句话听起来不怎么好听，但绝对是事实。所以说，培养孩子有一个好的未来也是给你自己一个好的依靠。

（1）**给孩子一个健康的世界**。如同故事中的爸爸一样，如果他没有努力地帮孩子从阴影中走出来，而是放任孩子的话，那么，孩子就没有一个健康的世界，那样孩子无论接受什么样的教育也只能说是零，全无用的教育。

往孩子不健康的心里灌输教育，就相当于往漏斗里倒油，又贵又空，存不得一点东西。因此，给孩子就要给孩子最好的，教孩子就要教孩子最健康的，绝不能像漏斗里倒油一样，白费心机。

（2）**多带孩子见识新事物，增长孩子的见识**。新事物对孩子的刺激性要大于对大人的刺激性，因为大人喜欢自以为是地说"我过的桥比你吃过的盐多"。而事实上或许你长这么大，连一座桥都没走过。祖先说的话本是激励后人努力奋进的，可是现在却成了后人显摆的对象，所以不得不说，既然祖先用来激励的话被后人误解，现在已经毁了很多人了，就不该再赌下一代的未来。

教育孩子就应该推腐翻新，用全新的视野去开拓孩子的知识面，而不是一直拘泥于老思想而不思进取。

（3）**为孩子设立详细的计划书，让孩子有计划地执行**。孩子小时候就是一摊散泥，而爸爸需要做的是把这滩散泥糅合到一起，让孩子成为一个完整体，这样孩子的力量才可能集中在一起。让孩子的未来有一个很好的开端，而详细计划是让孩子的力量逐渐庞大的协助物，爸爸帮孩子设立详细的计划书就是在引导孩子正确地行走。

第八章　寓教于乐型好爸爸：
给孩子快乐与成功

何谓"寓教于乐"？

所谓"寓教于乐"就是把孩子从现实生活中带到童话世界里，让孩子在童话世界里快乐地体验现实生活。这样做的好处是让孩子更容易接受，使孩子可以用最简单地、最放松的方式去学习现实生活中的真、善、美。

通过对童话世界的了解，也能让孩子深刻地领会到美的东西所能带给人们的快乐，因此将会更加珍惜所有的美的事物，并注重对美好事物的塑造！真正使孩子明白快乐生活的真谛！

第一节　玩的重要性

子女之教育，一般人常有谬误：对女儿之教育专注于其身体，忽略其精神；而对儿子则忙于修饰其精神，而忽略其身体。

——英国哲学家休谟

她每天都很认真地学习，从没有和小朋友一起玩过。

她一直都是学校的佼佼者，可奇怪的是却没有人认识她。

她是父母和老师眼中的乖孩子、好学生，可是她却并不快乐！

她的面前永远都放着高过自己的试卷。

她永远都听着一成不变的话语："加把劲，争取考出更好的成绩。"尽管她现在已经是名列前茅了……

2004年6月1日，她带着美丽的笑容离开了这个世界，年仅11岁，她的名字叫诺爱（承诺的爱），选择这一天结束自己幼小的生命，或许是为了弥补自己所失去的童年的快乐。但一切都不重要了，她的遗书，使在场的人痛不欲生。她的遗书这样写着：

亲爱的爸爸妈妈，请原谅女儿的不孝，无法在有生之年报答你们的养育之恩。

你们可以恨我的一意孤行，但请不要为我感到伤心，因为自始至终我都不曾后悔自己今天的所作所为。

爸爸妈妈，我现在可以同鸟儿一起飞翔了，我感觉好快乐，好自在，这是我以前所没有过的。

我一直都是被关在二楼阳台上那只被折断了翅膀而无法自行飞翔的小鸟，每天看着和自己一样的伙伴飞翔的时候我真的好羡慕啊！可是我只能自己偷偷哭过后再擦干眼泪，因为楼下是你们期待的眼神，所以我必须要坚强。不过现在好了，我不用羡慕他们了，也不用怕看到你们的眼神了，因为我的灵魂得到了升华，我也可以飞翔了！

爸爸妈妈，我爱你们，但我真的无法承受没有自由的生活。

我是你们心中的好孩子，是老师面前的好学生，但却是同学眼里的"木头"、"书呆子"，我们是一样的孩子啊！怎么可以被同学这样说呢？我真的好伤心、好伤心，但是却没有可以融化我伤痛的怀抱。

爸爸妈妈，我要走了，真的要走了，我要去那个可以让我自由飞翔的国度了，那里有我要的快乐和自由……

爱你们的女儿诺爱绝笔

诺爱就那样潇洒地走了，头也没有回一下地走了，在她的遗言中没有一丝对世界的留恋，从她的遗言中我们可以看到她是多么急切地想要离开这片束缚她自由飞翔的土地啊！

诺爱的离开给很多家长敲响了警钟。是的！给那些一直希望自己骄傲的家长们敲响了警钟。在现实生活中，多少家长不是为了满足自己向其他家长炫耀的欲望而把压力强加在孩子瘦弱的肩上。

诺爱是微笑着离开的，因为那一刻她真正得到了解脱，同时，诺爱也把无形的压力留给了那些压迫孩子自由的家长，我们不知道诺爱走得到底值不值得，但诺爱的离开确实让家长们开始重新认真地思考自己的价值观。

这个故事无疑给所有处在畸形教育中的家长下了一份挑战书，而挑战书的终极胜利物是伤心或开心，而挑战物为生命。孩子胜，保留生命，寻得开心。家长胜，失去生命，伤心相伴。

这是一段用稚嫩生命书写的关于现实教育失败的真实的写照，翻开了固化教育史的旧章面，为新的科普教育写下了一页教训，为还沉浸在老思想观念里的教育方式敲响了警钟！

给好爸爸的悄悄话

玩是孩子的天性，即使一个孩子生来极其内向，他也有自己爱玩的一面，只是他的玩乐方式只限于他的本身。活泼的孩子是成群结队地玩，内向的孩子是一个人默默地玩，他虽然不像其他孩子那样玩得热闹，可是他也依然可以沉浸在自己的小世界里，怡然自得。

玩是孩子自我放松的一种方式，作为爸爸就要全力支持自己的孩子懂得玩，学会玩，因为如何好好玩同样也是一门需要修炼的课题。

（1）**好爸爸要懂得劳逸结合的意义。**在孩童的世界里，玩是大于学习的，孩子喜欢和同伴一起玩，因为他们和自己是同一世界里的人，和他们在一起有共同语言，这是孩子的真实想法。但是孩子的生活又是离不开学习的，因此好爸爸应当给孩子安排得当的学习方案，体验劳逸结合所带来的科普教育方式给生活和学习所带来的成果。

（2）**玩可以净化孩子和家长的心灵，更能拉近彼此之间的距离。**玩是需要完全放松的，否则玩得不尽兴，和孩子在一起玩更是应该放下所有的烦心事。和孩子在一起尽心玩乐的时候你更能明白什么叫做快乐，孩子能一扫你心中所有的不快，让你尽情地投入大自然的怀抱，经常和孩子一起玩，更加能拉近和孩子之间的关系，让好爸爸的角色得以充分展现。

（3）**带动孩子一起玩耍。**有些孩子是很内向的，比如姐妹两个，大多数都是一个静，一个动，这是社会中普遍存在的现象。这时家长就要表演好自己的角色，带动自己的孩子一起玩耍，那样孩子长大后的差距才不会那么明显。如果孩子拒绝玩耍，就此放任孩子的话，孩子以后无疑是个不敢接触社会的人，因为不懂得如何与人接触、交流，也就证实了孩子的胆怯，面对新事物无法放得开。而经常玩耍的孩子就容易接触新事物，因为他们从小接受的就是快乐自由的生活方式。因此，孩子不会玩也是一种缺陷。

第二节 寓教于乐，引领孩子培养良好品性

温和地训练儿童，使他们养成遭受了痛苦而不畏缩的习惯，这是一种可以使他们精神镇定并且为他们日后的生活奠定勇敢与果断的基础方法。

——英国哲学家洛克

湖子虽然很调皮，爱玩，但是上课的时候从来都是认真听讲的，而湖子的这一举动都有赖于爸爸的细心教导。

湖子的爸爸从湖子小时候开始就在她睡觉前给她念一首古诗或讲一段故事，引导湖子向好的方面发展，而这些关于好的记忆一直留在湖子的脑海里，形成了很深的印痕，培养了湖子好学的个性。并且，湖子的爸爸在湖子犯错时的教育方式也很特别。

爸爸总是在湖子犯错的时候及时地讲一段关于有关她犯错的故事，让湖子从故事中更加真实的认识自己的错误。有一次，湖子和姑姑家的小妹妹抢一个苹果，两个人争得不分你我，但谁都不肯放下手中的苹果，于是，爸爸就叫湖子到身边说："来，湖子，爸爸来给你讲个故事怎么样啊？"

"好啊！好啊！我最喜欢听故事了。"湖子拍着手说好，便立刻跑到了爸爸身边。

姑姑家的女儿也不甘落后地跟了过去，这时，爸爸开讲啦！

爸爸给湖子和表妹讲的是孔融让梨的故事，爸爸说："从前，有一个人叫孔融，在他家有一颗很大的梨树，果树成熟的时候，孔融的父亲便把梨摘下来让孔融把梨分给大家吃。孔融首先拿起了一个最大的梨，别人都以为孔融会把这个大梨留给自己吃。可是，结果并不像人们所想的那样，孔融把最大的梨给了爷爷，然后按照年龄的大小分梨（孔融有两个哥哥、一个妹妹、一个弟弟）而最后自己拿了一个最小的梨，大家都觉得奇怪，于是问孔融：'孔融，你自己怎么不吃那个大梨呢？'孔融说：'我是小孩子，所以我该吃最小的，而爷爷是长辈应该把最大的给爷爷。''可是照你说的方式，你还有弟弟妹妹，最小的也不是你啊？'大家反问道。'弟弟妹妹比我小，所以我该让着他们。'孔融认真地回答。大家不禁对眼前的这个小男孩心生佩服之色。从那以后，孔融让梨的事就被传开了。因此，直到现在人们都一直学习着孔融谦让的品德。"

故事讲完了，爸爸问湖子："湖子，你知道爸爸给你讲这个故事的意义吗？"

只见湖子低着头说："爸爸，我知道错了，我应该让着妹妹的。"

然后湖子转过头对妹妹说："给，妹妹，我是姐姐，我应该把最大的苹果给你的。"

此时，妹妹却摆摆手说："不是的，你是姐姐，你应该吃最大的。"

两姐妹争让了好久，最后异口同声地说："爸爸（舅舅），你是长辈，最大的梨应该给你吃。"

爸爸看着这姐妹两个，三人都笑了……

用故事教育出来的孩子词汇非常的丰富，想象力也很发达，容易接受新的事物，这是好爸爸要好好学习的地方。经常上网搜些新的词汇或是小故事讲给孩子听，可以扩大孩子的知识面，同时提高大人的语言表达能力，而故事中的人物还会刺激孩子向其学习，引导孩子勇于表现自我，这是对孩子很好的一个启发，更是促使孩子上进的动力。

给好爸爸的悄悄话

只有孩子自己想学的、想做的事情，在他做的时候才会付出全部的努力。因此，好爸爸要教育孩子就要找到孩子学习的动力。

（1）多给孩子讲一些小故事、小寓言。小故事中往往隐藏着大道理，而所谓的大道理也正是在生活中对小事情的综合所得出的结论。而把大道理以故事的形式讲出来不仅让孩子容易接受，更增加了趣味性。可以让孩子在轻松快乐的氛围中学到知识，增长见识，而又不会感到乏味，这样的教育方式是全新的，更是家长都应该效仿的。

孩子对事物的接受能力首先在于动听，不死板，能吸引住孩子的眼球；其次，要含有可爱的因素在里面，这样孩子会静下心来听你讲解，在讲故事的同时要把一些问题变成疑问句，这样可以提高孩子的思考能力。

（2）多给孩子讲一些激发兴趣的故事。故事给孩子所带来的刺激是家长所不能想象的，你给孩子讲哪类故事多，孩子多会向哪一方面发展。经常给孩子讲一些关于科学家的事情，孩子肯定偏向于科学发展那方面，而给孩子讲关于文明礼貌的故事，孩子多重于思想品质这方面的发展，所以说，孩子的未来不仅是家长给的，更是由家长策划的，因此，在教育的问题上，家长一定不可以掉以轻心。

（3）多和孩子做些互动活动，培养孩子好的兴趣爱好。教育孩子是行为艺术的一种体现，而培养孩子好的兴趣爱好是行为艺术的结果。多和孩子做互动的活动，孩子会比一般的孩子要活泼有活力，到哪都能迎来阵阵笑声，这就是"开心果"效应。教育出这样孩子的家长相对其他家长来说是年轻的，或许他可以被称为"不老顽童"，通过和他人的接触而感染到更多的人。

第三节　玩游戏的过程就是学习与成长的过程

野性难驯的马儿，只要合适地加以训练，是可以成为骏马的。

——捷克教育家夸美纽斯

"来，宝贝儿子，爸爸让你看样东西。"爸爸把刚买回来的飞陀螺在手里扬了扬给孩子看。

"咦！这是什么啊！可以玩的吗？"对爸爸手上这个不明物体，孩子产生了很强的好奇心。

"当然，不过要玩它可是需要好好地学习呢？它身上可是有很多技巧和学问的哦！"爸爸得意地说，当时他买的时候可是跟那人学了好长时间才会的。

"哼，爸爸少唬人，我最喜欢玩了，只要是我想玩，就还没有不会的呢？"孩子不服气地说。

"是吗？那我们打赌怎样，如果你输了，今天晚上的锅你刷，怎么样啊？"爸爸说。

"比就比，谁怕谁啊！那你输的话，以后我说什么你都要听。"孩子一副道高一尺、魔高一丈的派头。

"行！"父子俩击掌为盟。

儿子拿起了飞陀螺转了几次都不成功，最终泄气了。他把飞陀螺递到了爸爸的手中，只见原本不听话的飞陀螺在爸爸的手里像施了魔法似的，随着爸爸的节奏漂亮地飞旋起来了，儿子都看呆了。

这时爸爸说："怎么样啊！宝贝儿子，你输了哦！"

儿子说："爸爸，我输了，今天的锅我会洗的，但你要教我玩。"

"行，没问题！"爸爸爽快地说。

于是，爸爸便向儿子讲解玩的时候要注意哪些方法和技巧。爸爸说："首先，在转动飞陀螺的时候要稳，旋转的速度要快，这需要眼睛和手的协调来完成；其次，在陀螺旋转的时候你要根据它旋转的方向来决定你放吊绳的方向。如果第一步做好了，第二步没做好到最后还是会失败的。来，按照爸爸的方式再试试看。"

儿子听了爸爸的讲解，讲飞陀螺的构造与运行原理，用什么样的姿势、多少力度可以让陀螺听自己的话。在理论知识学习之后，儿子进行了几次实践，认真地按照爸爸的说法去做，最终，飞陀螺终于也转动了起来，儿子兴奋地给了爸爸一个亲吻说："爸爸，你真棒，我要向你学习。"

故事中的爸爸用一个很小的游戏就虏获了孩子的心，这就告诉了家长，孩子要的并不多，一点创新而已，只要你给孩子的是独特的，是不一样的思想，孩子就很容易和你走到一起，当然这是需要爸爸们自己创造的。无论什么时候老的思想都是很容易被新的思想所替代的，而新的思想才更容易被人接受，被人认可和模仿。

给好爸爸的悄悄话

孩子最容易接受的就是从游戏中获取知识，如果你有同样的遭遇应该知道，你和孩子好好地讲道理他不一定能听上一句，而当你在和孩子玩游戏的时候向孩子阐述观点，孩子就会很容易地记住了，这就是"寓教于乐"。给孩子一个合适的空间也是给自己一个不说废话的空间，即使家长很想和孩子说废话，那些废话应该也是想教育孩子的话，既然这样，就应该向孩子所向往的那方面发展，在这里给爸爸们提几个有益的小意见，希望爸爸们仔细阅读。

（1）多发现一些好玩的、难玩的游戏，和孩子一起来个智力大冲关。应当删除那些太过陈腐又毫无意义的老游戏了，在新的社会就该给孩子新的视野的开阔，多陪孩子玩一些有挑战性的游戏，可以提高孩子的思考能力，让孩子在游戏中学习，在学习中得到升华。

而越是难玩的游戏越能激发孩子一追到底的个性，这样的孩子长大后对自己所遇到的问题向来不会一闪而过，而是会发扬"打破砂锅问到底"的精神一追到底，也可以说是一种"不达目的死不罢休"的精神，这样的孩子长大后很可能成为科学家，因为善于研究。

（2）多在游戏中发现一些问题，与孩子一同思考。游戏的玩法是多变的，一种游戏，只要善于思考你就能发现更多的玩法，而游戏是最受孩子关注的，因此，家长应该循循善诱地督促孩子多发现一些问题，要孩子做到"脑、力、行"全面地发展。而游戏中发现的小秘密可以让孩子入迷，仔细地研究秘密背后的答案，这样又是一个很好的扩展孩子脑力的一个方法。

（3）把孩子的世界变成游乐场。孩子都喜欢有趣的生活，而现实的生活往往是很残酷的，而爸爸只要愿意多费点神，把孩子的世界变成他理想中的样子，那样孩子就会容易接受新的事物，因为那时孩子的眼里满是童话，而爸爸也是童话里的人物，而童话里的人物都是善良的，有很好的品质，孩子一旦认准了就不会再任意妄为，他会觉得他就是童话故事里那个听话的、爱学的人，他的潜意识会告诉他"你必须这样做"，所以说，你给孩子一个童话的世界，孩子就给你一个童话里听话的人物。

第四节　放手让孩子玩

要解放孩子的头脑、双手、脚、空间、时间，使他们充分得到自由的生活，从自由的生活中得到真正的教育。

——中国教育家陶行知

"哎！园园，你又调皮了哦！爸爸不是说不可以爬高玩的吗？你怎么不听话啊，万一摔下来怎么办啊！"园园刚一碰到栏杆，爸爸的声音就从远处传来了，园园无奈地吐了吐舌头。

园园从小就是爸爸手里的掌上明珠，任何看起来有一点危险的动作，爸爸都极力反对园园做，理由是怕园园出事。

本着爸爸是为自己着想的原因，园园也就总是依着爸爸，只要爸爸对自己的举动说了个"不"字，园园绝对立马放下自己想玩的游戏。

园园是班里众多女生羡慕的对象，原因是因为园园有一个好爸爸，一个宠她的"爸爸"，什么事都不让她做，园园的一切都是爸爸帮她安排好的，在园园的世界里只有成果，没有过程，所以，用真实的话说就是园园是个公主，一个什么都不会做的公主。

不过，公主总是存在童话故事中的，现实怎么可能容得下呢？公主的梦始终会有散场的一天的！

这天，园园哭着跑回了家，爸爸看着女儿伤心的样子问："宝贝女儿，你这是怎么了？谁欺负你了呢？爸爸都你主持公道啊！"

"你走，你走啦！我不想看到你，我现在这个样子都是你害的，我讨厌你。"园园第一次对爸爸吼着说话，爸爸不明就里，就找了园园的好朋友问了清楚。园园的好友说："叔叔，这下你真的惨了，园园在全年级的运动比赛中全是倒数第一，而且和倒数第二的比分相差甚远，可她现在会这样还不是因为你平时的宠爱，阻止她运动所造成的啊！所以，你说她能不讨厌你吗？关于园园全体育科目倒数第一的消息已经轰动了全校，这下，园园可真的成名人了，比你对她的呵护还出名，那些原本很羡慕园园有像你一样的爸爸的同学，现在都在庆幸自己的爸爸不是你，要不然，今天这事搁谁身上谁难受。"

听了园园好友的话，爸爸就像"被水泼过的猫一样，浑身瘆得慌"。他不知道，他原以为对女儿最好的保护到最后却是伤害女儿最深的过错。

经过了园园的事情后，爸爸认识到了自己教育孩子的误区，现在的爸爸已经一改往昔的教育方式，和女儿园园一起投入运动锻炼当中。

这个故事向家长展示了因果循环的利害关系，世界上任何看似保护得当的事物在经历风雨的洗礼后往往都是最惨不忍睹的。因为他没有时常经历风雨侵袭，也就失去了自我防御的能力。而故事中的爸爸是代女儿承受了所有的风雨，但这样的教育肯定是不被认可的，因为孩子总是会长大的，长大后总是要自己飞的，爸爸一时的舍不得只会成为孩子飞行的阻力，让孩子在成长的路上找不到自己起航后的路线。

给好爸爸的悄悄话

好爸爸应该给孩子最大的自我体验空间，而不是禁止孩子去玩一些高难度的游戏。相反，高难度有危险的游戏更能挑战孩子的中枢神经，刺激孩子的大脑和身体不停地旋转和运动。

在孩子玩游戏的时候，爸爸要做的是放手让孩子去玩而不是加以阻止。其实在孩子玩的时候，爸爸只要在孩子的旁边注意孩子不会出事就好了。只有多进行单独的玩耍，孩子才会变得更独立自主。那么，要做一位好爸爸要注意什么呢？

（1）**教育的本质绝不是溺爱，而是独立自主。**培养孩子的独立自主，让孩子可以独自面对和解决未来自己将会遇到的种种问题，让孩子体验独自完成所遇到的事情的时候所带来的快乐和满足感。

其实在教育的这一块，我国应该向美国的教育方式学习，让孩子从小就自己动手，独立完成自己所需要做的事情，那样才能让孩子领悟"自己动手，丰衣足食"的概念。我国教育的误区在于放不开。老师放不开让孩子独自游戏，怕出了事故自己无法承担；爸爸放不开让孩子独自面对，怕孩子受伤害，而现在爸爸要做的就是要放开，让孩子自己动手去做自己所需要做的事情。

（2）**放开对孩子的保护，孩子才能找到自己的重心。**再怎么完美的结果只要不是经过自己努力完成的，其所得的荣耀也不过是昙花一现，一闪即逝，经不起任何的波澜。而这样的荣耀在孩子的眼里只会折射成虚荣，让孩子对未来所遇到的事情都心存幻想，不能认识现实社会所给人类的真实反映，一切都存在幻觉之中无法自拔，倘若有一天，孩子的虚荣被打破了，他将没有面对现实的勇气。让孩子自己动手去寻找自己该做的事情，而不是帮孩子完成他该做的事，这是好爸爸一定要知道的。

（3）**做孩子飞行的助跑器，给孩子制造飞行的障碍物。**飞机的起飞是需要加入助跑才能够顺利完成的（直升机除外），而好爸爸就应当像飞机助跑一样给孩子在未来的路上一个推动器，让孩子更容易飞起来，而不是说给孩子准备一张舒服的躺椅，然后买好了零食给孩子，告诉孩子说："你躺好了，看爸爸是如何带你飞的哦！"语句里满是自信，而爸爸此时却不曾想，你为孩子做了他该做的，那孩子需要做什么啊？难道只是吃着零食躺在椅子上观望？那你给孩子的是保护还是毁灭呢？好爸爸要教育好孩子，除了做孩子的助跑器外，还应当做孩子飞行时的障碍物，让孩子学习如何面对和解决问题。

第五节　教孩子玩你小时候的游戏

　　为了在教学上取得预想的结果，单是指导学生的脑力活动是不够的，还必须在他身上树立起掌握知识的志向，即创造学习的诱因。

——苏联著名教育家赞科夫

　　"乐乐，我们来比赛玩我小时候经常玩的游戏怎么样啊？"爸爸兴奋地对在花园旁的座椅上呆坐着的儿子说。

　　"游戏，什么游戏？你们小时候的游戏有什么好玩的啊？"乐乐不满地问，他最近正因为没有好玩的游戏而苦恼呢？他可不想爸爸和自己的同学一样，拿一些他早玩腻的游戏来和自己玩。

　　"你来玩了不就知道了吗？好玩不好玩，爸爸说了你又不信，不是吗？"爸爸和气地反问道。作为孩子的爸爸他怎么会不清楚自己的孩子在想些什么呢？用爸爸的话说就是，孙悟空可是把自己火眼金睛的本领传授给了他。这真是个自信而又可爱的爸爸！

　　"行，我马上去。"乐乐边跑边回答爸爸，好像怕好玩的游戏会因自己的情绪而跑掉一样。

"来，爸爸教你玩拍手掌的游戏，这可是要考验你的反应能力的哦！事先说好，输了可不能哭鼻子哦！"爸爸说。

"Who怕Who！到时不要爸爸的面子没地方放才对吧！"儿子来了句中英文的融合体。

"嗯，好样的，那你听好了，爸爸说过玩法我们就开始哦！"爸爸听着乐乐不服输的话真觉得回到了自己小时候，莽撞、任性。

"行！"乐乐不说废话了，只盼着快点开始游戏。

"这个拍手游戏的玩法需要我们对面站着，然后用你的左手击打我的左手，用你的右手击打我的右手，然后我们再双手展开，用手心对手心，用手背对手背互击，需要注意的是第一次是一下，第二次是两下，第三次是三下，这样依次类推，这是考验一个人手的灵活度和大脑的反应能力和记忆能力，知道了吧？"爸爸看得出乐乐的急迫，于是也不废话地讲了方法。

爸爸和乐乐的大赛开始了，第一个回合乐乐就输了，不过他不放弃，一直和爸爸拼着。可惜的是，一直到比赛结束，乐乐都没能赢爸爸一次。

这个游戏让乐乐吃到了苦头，于是，乐乐开始仔细地研究起这个游戏的窍门来了，可是最后才发现它并没有所谓的窍门，有的只是爸爸说的考验一个人手的灵活度和大脑的反应能力和记忆能力，不过这个游戏激起了乐乐的兴趣及挑战力，不同于以前的游戏，这个游戏让乐乐着迷。

孩子从小就与游戏结缘，各种各样不同的游戏，在孩子眼中，游戏不仅是用来玩乐的，更是用来挑战的。挑战自己、挑战同学，越新奇就越容易被大家学习，那时孩子身上将满是荣耀。而孩子之间的游戏往往都是同步相存的，没有谁的游戏会胜于谁半分。因为像他们这些上帝的新宠儿，接受的都是统一的教育理念和一样的时代变迁，在他们的眼里越是不同于别人的也就越是好的，而不同于别人不一定就一定是越超前的。就像孩子不曾玩过家长那个时代的游戏，或许在爸爸的眼中自己应该跟着时代走，而自己的游戏已经是老过时的游戏，没什么好玩的，而孩子却不一定和你有同样的见解。在孩子的眼中，一切自己没见过的、没玩过的都是新的、有挑战的游戏，所以，爸爸要注意，当孩子的游戏无法满足自己的心理需求时，把自己小时候的游戏拿出来晒晒，这也不失为和孩子同步进行的好方法，既可以温习自己儿时的快乐，又能让孩子找到玩的新动力。

给好爸爸的悄悄话

老的游戏不一定就是不好的，相反很多时候"老"是胜于"新"的。有一句歌词是这样的："姜还是老的辣。"所以，作为爸爸首先需要自己真正认识"老"的含义。只要自己不对自己的游戏有意见，孩子又怎么会觉得不好呢？相反，现在孩子的游戏多是一些成形的游戏玩具，少有爸爸那个年代自己动手动脑思考的游戏。因此，爸爸多把自己的游戏同孩子一起分享，能让他深刻地意识到你的伟大。因为在孩子的眼里，你为他创造了奇迹，尽管那只是你已经玩腻的小游戏，但若干年重新翻起的时候，它依然是崭新的，因为游戏在何时都是不会过时的。好爸爸要学会在新的时代去翻看旧的历史，因为你的历史对孩子来说或许是新的开始。要做个好爸爸就来看看自己还需要做哪些事情吧！

（1）把自己的游戏和孩子一同分享，让孩子自己寻找游戏中的技巧。爸爸把自己小时候玩的游戏和孩子分享的时候最好只告诉孩子方法，让孩子自己琢磨游戏中不懂的地方。这样既能让孩子感到好奇，又能让孩子认真地思考自己不懂的地方。这会是孩子自己给自己布置的课题。因为每个人都善于研究自己好奇的事物，并且在研究的时候不希望被打扰。当然，如果家长不叫孩子吃饭睡觉的话，你能在孩子的身上看到什么叫废寝忘食，乐此不疲。好爸爸应该做的是，在孩子研究的时候尽量不要打扰孩子的思路，让孩子可以认真地思考。

（2）多和孩子互动，把游戏进行到底。直白地说，游戏就是被人拿来消遣时间的替代品，当人们在消磨时间的时候会被它所带来的乐趣所吸引。因此，人们开始努力对它进行研究，来讨论它的意义在于哪里，然后从它身上延伸出更多的新的玩法，这就是为什么经历了这么多次的改革与创新，游戏却从没有被淘汰的原因。既然游戏没有被时代的改革所淘汰，那就一定有它长存的理由，而这个理由正是拉近孩子和爸爸之间的枢纽——乐趣。

（3）多同孩子一起研究、讨论对游戏不同的看法与想法。在每个年龄阶段都会有自己对事物的不同的理解和看法，和孩子一起研究，可以把两代人的思想做一个融化，通过彼此对事物的不同看法，让孩子体验爸爸思考问题的全面性，让爸爸重拾儿童时幼稚的想法。前者是对未来的体验，后者是对过去的温习，而这样不同的经历，能带给两代人的除了新颖就是快乐了。

第六节　参与孩子和小伙伴的游戏

　　即使是最好的儿童，如果生活在组织不好的集体里，也会很快变成一群小野兽。

　　　　　　　　　　　　——苏联教育家马卡连柯

　　"儿子，你今天要去哪玩啊？"爸爸问儿子。

　　"今天和同学约好了要去打篮球，爸爸，你今天说话怪怪的哦！"儿子不禁拉起了警号线，生怕自己一不小心就踏入了老爸布置的圈套。

　　"呵，那个，老爸今天没事做，你带上爸爸好不好，爸爸打球也很厉害的，什么三分外投球，扣篮啦，老爸都很厉害的哦！"爸爸赶忙夸大其词地说，怕儿子会一口回绝。

　　"老爸，你真的有那么厉害吗？我怎么看不出来啊！"儿子投给老爸一个不相信的眼神。

　　"你没看肯定不会相信了，去了我们比赛一下不就知道了。"爸爸使出了激将法。

　　"老爸，其实，只要你说一下，我是会和你一起去的，你看你，我开个玩笑你还那么认真。"儿子笑着说。

"对了，别忘了换件球衣，我在外面等你，限时两分钟。"儿子走出门口的时候还不忘酷酷地给爸爸提个醒。

两分钟后，老爸准时地出现在孩子的面前。

"老爸，怪不得你说自己的三分球很厉害呢，连换衣服都这么神速！"儿子吃惊地看着老爸说，甚至怀疑眼前这个是不是自己的老爸哦！真的是神速了。

"没办法，你妈要我陪她逛街的时候常常限制我换衣服的时间，现在我才知道好处在哪里。"爸爸无奈地摸着头，不好意思地说道。

于是，父子俩就向和伙伴约好的地方走去，到了目的地，同学都很惊讶，原因是竟然会有爸爸级的人物在场，这些孩子的爸爸可都是推说没时间陪孩子的。因此，爸爸不仅没有受到孩子的冷落，反倒很受孩子的欢迎，孩子对眼前的这位爸爸都很喜欢，打过球后都围着爸爸，让爸爸给他们讲爸爸所经历过的趣事，也分别同爸爸讲自己在学校所遇到过的有趣的事，这个本该有代沟的两代人，在球场看着俨然是一代人，除了年龄上的差别，而两代人的笑声就这样在球场上回荡着、回荡着……

故事中因为爸爸的到来给孩子们增加了新的乐趣，从孩子看到爸爸的那一刻所表现的热情不难看出来，在每个孩子的心里，其实都渴望得到父爱，父爱能让孩子变得坚强勇敢。而绝大多数的爸爸都是没时间陪孩子的，因为他被工作压住了。虽然不知道这是否是真的理由，但从孩子的身上不难看出，绝大多数的孩子都是缺少父爱的，他们渴望爸爸可以陪在他们的身边，同他们一起玩耍，和他们一起谈有趣的事情。

给好爸爸的悄悄话

经常参与孩子们的游戏，能让孩子和你靠得更近。经常参与孩子们的游戏，能让自己走进孩子的心里，让孩子对你产生信任感，这对以后的教育有很大的帮助。当你和孩子经常在一起玩的时候，你在孩子的心里已经不再只是一位爸爸，还是孩子生命中不能缺少的朋友，比普通的朋友还要亲密。因为，你首先是孩子最亲密的人，而你和孩子亲密的朋友又能很好地玩在一起，那时你在孩子心里的地位已经发生了变化，孩子会把你当成挚友，因为在你身上有亲人和朋友两种关系的混合。而这是成为好爸爸的必备条件之一，那么，作为好爸爸还需要注意哪些问题呢？下面的话就是答案：

（1）**好爸爸应当多和孩子玩**。玩是任何人都无法抵挡的诱惑，只要尽心玩，敌人都能变成朋友。在玩的过程中能让孩子变得愉快，培养孩子乐观向上的好心态。玩同样可以搭起爸爸和孩子心灵互通的桥梁。经常和孩子在一起玩，可以让孩子感觉爸爸永远都是年轻的，有活力的。而爸爸的活力会带动孩子更加努力地向爸爸学习。

（2）**好爸爸应多和孩子的朋友在一起玩**。经常和孩子的朋友在一起玩，可以增加自己和孩子之间的共同语言。同时可以通过孩子的朋友对孩子的描述，找到孩子的缺点和不足。也可以由孩子的朋友告诉孩子其缺点，因为从朋友口中说出的话是属于孩子那一年代的语言，孩子容易接受。而爸爸口中的话有时会因为思考方式的不同而产生误会。爸爸要知道，你和孩子走得再近，也无法和孩子的思考方式一样，只能是接近而已。所以在面对一些问题的时候最好能通过孩子的朋友解决，因为他们有相同的说话方式。

（3）**经常邀请孩子的朋友到家中来玩**。这是需要考量爸爸的一个题目，看爸爸能否很好地处理孩子和朋友在玩耍中所遇到的问题。比如孩子和朋友在玩耍中不小心摔破了花瓶，或是孩子和朋友在玩耍的时候因为小事起了争执。这是在考验爸爸能否很完善处理好事情的一个标准。而爸爸的处理结果将直接导致孩子对爸爸的看法。处理得当的时候，爸爸无疑就是孩子心中的偶像，而处理的结果如果不合孩子的心意的话，爸爸很可能就是孩子眼中的"做作派"，只为了迎合孩子才这样做的，这无疑会让孩子感觉反感，很难走进孩子的心里。

第七节　记住孩子玩伴的名字

理解绝对是养育一切友谊的土壤。

——美国第28任总统威尔逊

"爸爸老是记不住朋友的名字。有时，一些朋友都来家里玩了好多次了，爸爸还是会记错朋友的名字，我感觉爸爸不是很在意我，我想如果爸爸在意我的话一定会记住朋友的名字的，因为朋友的爸爸就记得我的名字。关于爸爸叫错名字的事情同学们都传开了，我感觉自己在同学面前很丢脸，这几天我都没和朋友在一起玩了，我怕他们又要笑我爸爸记错他们的名字，我也不知道我是怎么了，总之，我现在很伤心，我谁都不想理了。如果爸爸可以好好地记住朋友的名字就好了……"

这是儿子的一段日记，爸爸在整理儿子房间的时候不小心翻到的，看了这篇日记，爸爸才知道儿子反常的原因在哪里。他一直都以为只要自己满足孩子可以随时带朋友来家里玩的要求，儿子就会很开心。可看了儿子的日记才明白，原来在孩子的眼里自己还缺少尊重。

儿子希望自己可以记住他朋友的名字，因为这是最起码的尊重。而自己却因为工作忙的原因很少好好接触孩子的朋友，当孩子的朋友向自己打招呼，自己向他们回礼的时候名字的问题就出现了。

自己还没有叫对过孩子朋友的名字，想到这里爸爸真的觉得很惭愧，觉得儿子的心里确实会很不好受，所以爸爸决定一定要让孩子快乐起来，他要认真研究孩子的朋友了。

现在爸爸每到闲暇的时候就问儿子，这个朋友叫什么名字，那个朋友叫什么名字，爸爸会在儿子把名字告诉自己后赶忙拿笔做个记号，以免自己会很快忘记。就这样，经历了死记硬背的方法过后，奇迹终于出现了。

这天，爸爸带儿子去玩，在路上的时候看到了儿子的朋友小强一个人在路边，于是，爸爸就走到小强的面前说："小强，你怎么一个人在这里呢？你爸爸妈妈呢？"

听到有人叫自己，小强转过头一看，竟然是那个经常叫错他名字的同学的爸爸，小强很是吃惊，慌忙回答说："爸爸妈妈今天都在忙，没有人陪我，所以我就一个人来这边玩了。"

"噢！那你可以和我们一起玩啊！反正今天我们就是要去玩的。"爸爸亲切地说。

"可以吗？"小强不相信地问。

"当然！"爸爸和儿子异口同声地说。

就这样一行三人高高兴兴地去玩了。回到家里，儿子称赞道："老爸，你真棒，我都没有看到小强，你却一眼就认出来了，你是怎么做到的呢？"

爸爸神秘地笑笑说："保密。"

在孩子的眼中，朋友对自己的印象是很重要的。如果孩子受到了朋友的忽视或是朋友的嘲笑，这都会让孩子感觉无所适从。严重受到朋友伤害的孩子会因为不快乐而自闭，拒绝与人交流。因为孩子的内心很脆弱，孩子需要的是阳光、是关注，而不是嘲讽和冷淡，所以爸爸在教导孩子的时候还需要知道孩子内心的需求。

　　折翼的小鸟飞不高，也飞不远。因为小鸟在飞的时候失去了平衡力，也受到疼痛的影响使它无法发挥正常的水平飞翔。这对热爱自由的小鸟来说是痛苦的，而孩子受到伤害就如同折翼的鸟儿一样，很难痊愈。因此，爸爸在教导孩子的同时也一定要给孩子最完善的教育。

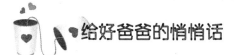 给好爸爸的悄悄话

　　记住孩子朋友的名字，这是最起码的尊重问题。如果爸爸不能正确地记住孩子朋友的名字，对孩子的朋友来说是很好笑的事情，而对孩子来说是很丢脸的事情。这是站在双方不同的位置所得到的结论。相信爸爸也经历过同样的事情，那时你就可以把你自己的经历感想放到孩子的身上。那时，爸爸就会完全明白孩子在经历你叫错名字的时候是多么尴尬的事情了。要想知道孩子的心里承受了多大的压力就先要，用你的亲身经历去看孩子的内心，那时你才能了解孩子，而要做好爸爸的角色，就必须要注意到以下几个方面：

　　（1）**记住孩子朋友的名字**。记住孩子朋友的名字，这会让孩子感觉你在意孩子的感受，因为这是关乎重视的问题。如果爸爸总是记不住孩子的朋友的名字的话，会让孩子的朋友感觉孩子的爸爸不喜欢自己和孩子来往，因此也会有意疏远和孩子的关系。无论大人孩子都好，名字不仅是一个代号，更是关乎重视与忽视的问题。

　　作为爸爸，如果你去和认识的人打招呼，而那人挠挠头说他不记得你的名字了。那时，你的心里会怎么想呢？如果一次不算什么，那两三次过后呢？你肯定会懒得和他打招呼了，因为那时你的感觉会是，他都不重视我，打招呼也只是浪费口水罢了。其实，大人和孩子是一样的感受。所以，记住孩子朋友的名字，也是对孩子的重视。

　　（2）**同孩子的朋友打招呼**。在孩子们的眼中，爸爸绝大多数都是很严肃的，沉默少语的，并且还有一定的距离感，原因在于不亲切。如果爸

爸经常同孩子的朋友打招呼，在孩子的心里会感觉你是一位明理亲切的好爸爸，而孩子的朋友会觉得你是一位和善可爱的好叔叔。而孩子的朋友对爸爸的态度会直接促使他们对孩子的印象上升，觉得有其父必有其子，这么好的叔叔儿子绝对也是很好的。这样子也可以扩展孩子的朋友圈。

（3）和孩子互相讨论如何对朋友的看法。朋友有好有坏，这需要爸爸多接触孩子的朋友圈。当爸爸发现孩子的身边有坏朋友的时候，不要强制性地制止，而应该理智地和孩子一起讨论。当然，讨论的主题不能直接接触主题，而应该是循环渐进引导孩子向主题靠拢，由孩子自己揭露主题，然后爸爸再顺其意加以讲解。

第八节　和孩子玩拼图游戏

> 精神的浩瀚，想象的活跃，心灵的勤奋，就是天才。
>
> ——法国教育家狄德罗

　　一天，爸爸兴冲冲地走到儿子的面前说："儿子，爸爸和你玩个游戏怎么样啊？"

　　"什么游戏啊？好玩吗？"儿子问。

　　"拼图游戏，怎么样啊？这个是脑力大考验哦！"爸爸得意地说。

　　"好啊！不过我们比什么啊？"儿子问。

　　"我们比速度，谁先拼完谁就赢，赢家可以要求输家做一件力所能及的事情，怎么样啊？"爸爸问道。

　　"行，比就比。"儿子说。

　　爸爸把自己准备的两份一样的拼图拿了出来，拼图的主题是猫和老鼠，很可爱的图案，是现在孩子都喜欢的，儿子也不例外。

　　儿子在自己拼图的时候还不忘说："亲爱的猫和老鼠，看我怎么让你们重归于好吧！呵呵……"

比赛正式开始了，看着混乱的拼图块，儿子有点傻眼了。不过，爸爸也好不到哪里，手忙脚乱地拼着，还时不时地伴着眼花。

拼了好一会儿后，爸爸和儿子还是没什么进展。不过两人都没有想过要放弃，都还是兴致勃勃的拼着，还时不时地瞄着对方的进度。

慢慢的，奇怪的事情发生了，爸爸和儿子争辩了起来。爸爸说："儿子，你那块放得不对，应该放这里。"

"爸爸，你那块也放错了，我刚才和你一样，到后面就对不上了。"儿子也说道。

最后两人你一言我一语地说着自己拼图的时候所遇到的问题，并且动手帮对方把自己看到的正确的那一块放到对的地方。就这样，不知不觉中，拼图同时完成了，而现在爸爸和儿子注重的已经不再是结果了，而是过程。

在拼图的过程中，爸爸和儿子已经在游戏中不知不觉地融为了一体，互帮互助地完成了整张图的拼制。这时两人发现，比赛除了挑战性，还需要互相配合，那时玩起来才是事半功倍的。

经常和孩子一起玩游戏，能挑战孩子的积极性和反应能力。而拼图游戏是所有的游戏中最能完整地表现趣味性、耐心和挑战力的游戏了。

和孩子一起玩拼图游戏，可以让孩子思维变得敏捷，善于思考，对所有的脑力问题都能积极地去应对，找到解决的方法。

故事中的爸爸和儿子虽然都不是通过自己个人的努力完成拼图游戏的，但在游戏中他们找到了合作关系。这也会给孩子一个很好的经验，当你无法独立完成一件事情的时候，你可以找人帮忙，这也是对孩子量力而行的一个启发。

给好爸爸的悄悄话

体力游戏可以加强孩子的身体承受能力，而智力游戏可以刺激孩子的大脑发育，而大脑发育的全面性又可以决定孩子今后的走向。所以多陪孩子玩一些开拓大脑发育的游戏，让孩子"在快乐中找问题、在问题中寻方法、在方法中得答案"，这是完全开通的促进脑力发展的方法，也可以称为"无压式教育法"。它是完全追寻自主原则的一种教育方法。而在这种教育方式中爸爸还需要注意下面几点：

（1）**"无压式教育"的要求是完全自主。** 完全自主的含义是说明这样的教育方式一定要在孩子自己愿意，而家长没有给孩子施加任何压力的情况下进行。只有在完全没有任何外界压力的前提下，孩子才可能发挥全部的能力。我们的祖先就经常用"强扭的瓜不甜"来表明人一定是在自己自愿的情况下才能充分发挥好自己的能力。

（2）**拼图游戏在于开发孩子的脑力空间。** 拼图的意义在于它把简单的事情复杂化了，让孩子把复杂的东西再回归简单，这是训练孩子能否脑力互动的过程，可以提高孩子的记忆力。而多让孩子接触拼图游戏，有利于孩子快速的分清事情的起因，让孩子更容易从根本上解决问题。

拼图游戏的意义还在于游戏多变，能从多个方面去考验、训练孩子的智力，让孩子可以充分地去完善自己每个地方的不足，从而做到"知己知彼，百战百胜"。让孩子无论从生活还是学习上都能从多个方面去考虑将会面临的问题，这对孩子的全面发展是一个很好的促进。

（3）**同孩子一起玩拼图游戏。** 和孩子一起玩拼图游戏，可以让孩子感到潜在的压力，无形中促使孩子加快自己追赶的步伐。

在每个人的心里都住着一个虚荣的小怪兽，大人和孩子是一样的，而这个怪兽是由我们自己掌控的，如果你给它注入好的思想，它就会追寻好的方向，如果你给它注入坏的思想，产生的就会是反面作用，所以，和孩子在一起玩拼图的时候，不仅要促进孩子的思考能力，更是要引导孩子拥有好的思想。

第九节　和孩子一起放风筝

一个孩子如果从未品尝过学习劳动的欢乐，从未体验过克服困难的骄傲——这是他的不幸。

　　　　　　——苏联著名的教育实践理论家苏霍姆林斯基

"爸爸，你看，那风筝飞得好高好高哦！如果我和它一样就好了，我也要展翅高飞，让所有的人都能看到我。"女儿兴奋地说。

"是啊！风筝飞得好高，好美，只要你努力了也可以飞起来的，或许飞得比它还高呢？"爸爸鼓励孩子说。

"爸爸，那我要怎么努力才可以赶得上它呢？"女儿不解地问。

"孩子，只要你努力学习，用功进取就一定也可以和它一样飞起来的。你知道莱特兄弟的故事吗？"爸爸问女儿。

"不知道，这和莱特兄弟有什么关系吗？"女儿不解地问。

"那当然，莱特兄弟是第一个制作飞机的人，我们现在所乘坐的飞机就是根据莱特兄弟的那架飞机不断改良才形成。所以，你要知道，我们只有把自己所经历的事情沉淀下来再仔细研究，经过不断改良和提取新的意见才能使我们取得成功，这都是必备的条件。"爸爸认真地讲解道。

"那爸爸，莱特兄弟为什么会发明飞机呢？"女儿歪着脑袋问，语句中都是强烈的问号。

"莱特兄弟之所以会发明飞机，因为他们也和你一样，想像鸟儿一样飞到天空中和云彩握手，所以就努力地寻找能让他们飞起来的动力，最后经过很多次的试验和改良后，他们终于像鸟儿一样的飞起来了。"爸爸解释说。

"哇，爸爸，他们好伟大啊！我一定要像他们一样，让自己也飞起来。"女儿羡慕地说。

"是啊！只要你努力了，就一定可以飞起来哦！不过，要想飞起来，光说是不行的，莱特兄弟可是经过了不少的努力和付出才有那样的成果的，你如果要和他们一样的话，现在就必须要努力，才能有非凡的成就。首先自己的心里就要有很大的对那个愿望的需求，然后努力让自己向目标靠拢，只有你不断地努力，不断地靠近，才能一步步接近它，直至和它融为一体，你也就成功了，而绝不要好高骛远，那样的话你只会离它越来越远……"爸爸耐心地对女儿说。

"嗯，爸爸，我记住了，我一定也可以的，我会像莱特兄弟一样的。"女儿满眼的坚定。从女儿眼神里，爸爸相信女儿一定可以成功的，因为女儿有对目标的那份执著。

孩子的眼神是对事物的需求的最真实、直接的反应，因为孩子还是个青涩的果实，还未受任何外界因素的影响。所以，他在方方面面表现出对事物的最初的渴望，而不会像经历过生活洗礼的人一样，对任何事情都会压抑自己内心的想法，从不把最真实的一面表现出来。所以孩子真诚的眼神会比孩子说话更能让人关注，有时孩子用语言无法表达的事物，眼神会轻而易举地帮她完成。

 给好爸爸的悄悄话

高高在天空中飞行的风筝，会给人无数的梦想，因为它的高度让人们羡慕。而高高在上的人都会被人所崇拜，因为它表示权利和威信。孩子也向往高高在上的感觉，因为那会让孩子感觉兴奋，而孩子向往的高高在上的感觉正是诱导孩子成功的必备因素。

爸爸应当成功地引导孩子走向成功的大路，帮助孩子找到自身的价值，让孩子可以努力向其靠近，而好爸爸在引导孩子寻梦的同时还需要做到以下几点：

（1）和孩子一起动手做风筝。和孩子一起动手去做风筝，让孩子体会自己动手的乐趣，也可以让孩子感受到面对自己劳动成果的自豪感，让孩子更加深刻地意识到每一份劳动成果都来之不易，使孩子在今后的日子里都能认真地珍惜每一份成果。

和孩子一起动手做风筝，可以活动孩子的手脚和大脑，让孩子知道所有的成果都是手脚和大脑并用的，而不是只想不做，或是只做不想。

（2）和孩子一同看风筝的高飞和摔落。通过和孩子一起看风筝的高飞和衰落，可以给孩子讲解成功和失败的案例，告诉孩子面对成功应该是什么样的心态，遇到失败又是什么样的心态。

面对成功应当不骄傲、不自满。当孩子成功地感受到"会当凌绝顶，一览众山小"的时候，还要提醒孩子要记住"山外青山楼外楼"的意义，让孩子知道成功面前莫骄傲；当孩子面对失败的时候，要告诉孩子不要泄气，现在的失败只是在为以后更大的成功做铺垫，让孩子可以坦然地面对成功和失败。

（3）多给孩子讲些成功人士的例子。用故事的形式给孩子讲解成功人士的例子，既让孩子感觉新颖有创意，又会让孩子在轻松愉快的氛围中学到知识。对孩子的教育应当携带故事，因为孩子对死板的课本的敏感度都不大。相反，有趣的故事可以让孩子很认真地思考，去讨论它的结果。所以，无论是教育还是生活，都应当给孩子适当的制造些轻松快乐的故事氛围。

第九章 宽容亲和型好爸爸：
给孩子一份理解与包容

世界上不缺少严父，缺少的是可以走进孩子内心的，给予孩子理解和包容的好爸爸。孩子和爸爸是生活在不一样阶段的人，爸爸喜欢用自己的思维方式去评判孩子，孩子也用自己的眼光去看待爸爸。所以，两者如果一直处于这样的阶段，无疑是为以后感情的沟通埋下了炸药，就等着何时由谁引爆了。

第一节　好爸爸严于律己、宽以待人

要使人成为真正有教养的人，必须具备三个品质：渊博的知识，思维的习惯和高尚的情操。知识不多，就是愚昧；不习惯于思维，就是粗鲁蠢笨；没有高尚的情操，就是卑俗。

——俄国哲学家车尔尼雪夫斯基

在旁人的眼里，晓明的爸爸无疑是一位"完人"。之所以称为完人，在于他平时的待人接物。

晓明的爸爸是当地有名的房地产大亨，可是每个去过晓明家的人都说在晓明爸爸的身上找不到一丝有钱人那种居高临下的感觉，晓明的爸爸对每个去他家的人都很热情，由于见多识广，和不同阶级的人物都可以找到共同的语言，所以在晓明的家里每个人都很随意，和在自己的家里一样，一点都不觉得压抑。当然，这样的成果完全在于晓明的爸爸有一条亘古不变的处世准则，即"严于律己、宽以待人"。

在工作上，晓明的爸爸有十足的领导派头，但下了班就都是兄弟了。因此，每当有人向晓明爸爸的下属问起晓明爸爸的时候，他的下属都会毫不犹豫地竖起大拇指。

晓明的爸爸向来不占用下属半分钟的下班时间，在他的眼里，耽误别人的时间就是摧残别人情感的刽子手。原因在于，晓明的爸爸在刚创业的时候经常加班，和孩子约好了时间去玩却晚了半个小时，结果儿子很生气，说他不守信用。那时，他才意识到儿子现在已经成长到可以去评判一件事情好与坏的年龄了，而这个时候正需要家长的诱导，所以他绝不可以让儿子有不好的情绪和思想。于是在安慰过儿子以后，他就暗暗发誓，绝不再耽误半分钟的下班时间，不管是自己的，还是下属的，因为他要让他和公司的下属都能成为一位守时的家长，给孩子一个好的向导。

而在爸爸的熏陶下，晓明也和爸爸一样，很受同学和老师的喜爱。在老师的眼里，晓明是个乖巧听话的孩子。在同学的眼里，晓明是个助人为乐、凡事都为大家着想的"大腕"。

孩子正处于发育期的时候，爸爸要把孩子的教育放在重中之重的位子，因为那时的孩子已经有能力去思考问题的好坏了。如果作为爸爸给孩子留下的是不好的印象，孩子很可能会顺着你不好的思路一直走下去，一旦孩子跟随你不好的思路定了型，你想再管好孩子已经是愧无回天之力了。

给好爸爸的悄悄话

孩子的教育应当是在有记忆的时候就开始辅导的，而不是在孩子思想定格的时候再去强迫性地扭转。孩子的思想定性后，爸爸若想强制扭转孩子的品行，这样的结果也只能说是收获微乎其微。因此，好爸爸要记住下面的几点，有助于好爸爸迅速领悟教子方法：

（1）**任何时候都不对孩子说谎，教会孩子诚实守信**。诚实守信是中华民族的传统美德，是好爸爸教子的第一站。好爸爸在教育孩子的时候，要以身作则告诉孩子诚实守信所能带给人们怎样的好处，而失信于人又会有什么样的后果。给孩子讲"放羊的小孩"，让孩子深刻领悟失信于人的痛苦。

（2）**以身作则，引导孩子合理地安排学习和玩乐**。在生活中，好爸爸要以身作则，合理、规范地安排自己的时间，绝不任意更改自己已经定好的时间，这样的做法可以在无形中带动孩子向自己模仿，让孩子可以在无压的形式下习惯于自己为孩子树立的良好的生活规范中；让孩子顺应合理安排时间的益处，无任何不良后果地将合理的生活规范进行下去。

（3）**对别人宽容，是为孩子塑造良好的品行吃下的定心丸**。在生活和工作中，如果爸爸时刻把笑容挂在脸上，待人待物时刻都保持着理解和宽容，孩子在爸爸的影响下也会不知不觉地被爸爸的良好习性熏陶，和爸爸一样，会对人宽容理解，任何事情都不会太计较。

第二节　好爸爸不会随便发火

我们若要生活，就该为自己建造一种充满感受、思索和行动的时钟，用它来代替这个枯燥、单调、以愁闷来扼杀心灵、带有责备意味和冷冷地滴答着的时间。

——苏联作家高尔基

"爸爸，我们星期天去钓鱼好不好？"儿子问正坐在电脑旁玩游戏的爸爸。

"好啊！你想去哪里钓鱼呢？"爸爸问儿子。

"我们就去城西的河边吧！听说那里的鱼好大哦！"儿子兴奋地说。

"好吧！明天早上我们就向河西出发。"爸爸回应儿子道。于是，儿子就高兴地跑出去玩了。

第二天，儿子早早地就收拾了东西等着爸爸出现，可是，等了好久还是没有看到爸爸。于是，孩子就问妈妈："妈妈，妈妈，爸爸在哪里啊？"

妈妈回答道："你爸爸一早就去公司了，你找他有什么事吗？"

"妈妈，爸爸今天不是不上班吗？他去公司干吗？"儿子不理会妈妈的话直接问道。

"噢！他好像是和王老板约好了去喝酒。"妈妈说。于是儿子就扭头上楼去了，妈妈在后面说什么他也不听了。

晚上的时候爸爸回来了，带了很多好吃的，爸爸在楼下叫儿子下楼吃东西，儿子对爸爸并不理睬。爸爸在楼下叫了好久，都不见儿子回应，于是就上楼去了找儿子，到了卧室看到儿子把头蒙在被子里，爸爸又叫了几声孩子还是不回应。

于是爸爸火了，把儿子从被窝里拉出来就狠狠地骂，爸爸说："你小子越大越有能耐啦！老子叫你你还不理了，你也不想想你是谁生出来的。"

儿子并不理睬爸爸说的话，他闻到爸爸的身上有酒气，便把爸爸推出了房间，儿子知道"此时无声胜有声"。爸爸在喝酒的时候就像个疯子，所以他不想浪费口水。

爸爸睡了一觉醒来回想到儿子对自己的不理睬，心中的火又被点了起来。于是又来到孩子的卧室说："我现在问你，爸爸和你说话，你不理睬，你做得对不对？"

"你答应我的事却出尔反尔，你觉得你做得对吗？"儿子反问道。

这时爸爸才想起自己答应陪孩子钓鱼的事，可却因为王老板约自己喝酒而忘记了，这时爸爸才意识到儿子是在生自己的气才不理自己的。于是爸爸向儿子承认了自己的不对，请求儿子原谅，儿子在听到爸爸的道歉后也向爸爸承认了自己的不对。

孩子在自己有理的时候是不会轻易低头的，而爸爸想和孩子和好，除非爸爸可以承认自己的错误。孩子的想法就是这样简单，孩子不需要爸爸买好东西来哄自己，他只想让爸爸知道自己做错了，并能认识到自己的错误，那时孩子就会和爸爸握手言和。如果爸爸对孩子的抗议置之不理，孩子也将抗议到底。

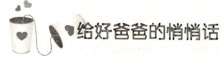

给好爸爸的悄悄话

知道孩子的心里想法，在孩子生气不理你的时候先在自己的身上找问题，看孩子究竟是无理取闹，还是因为你做错了事伤到了孩子。如果你仔细研究过后发现自己并没有做错什么，那你现在就要好好地和孩子谈谈心，看孩子是否遇到了什么事情，然后和孩子一起解决。**作为好爸爸就是要把最大的宽容和理解给孩子，让孩子可以健康地成长。** 下面是帮助好爸爸和孩子处理好关系的黏合点：

（1）**好爸爸尽量不要喝酒。** 酒是毁坏人类文明的催化剂，经常喝酒不仅伤身，而且家庭关系也不和睦。酒醉后人会对自己的所作所为不清楚，严重者给他人造成了伤害。所以作为好爸爸应当尽量不喝酒，让自己随时处在清醒的状态，只有这样才能为孩子树立很好的榜样。而经常喝酒的爸爸在孩子的心中是令人厌烦的，因为爸爸在酒醉后容易有两种姿态呈现给孩子：一种是蒙头大睡，一种是没事找事。虽然相对第二种第一种会好些，但是，从教学角度上来说都是不可行的。所以提醒那些爱酒的爸爸，为了孩子有个健康的未来，请戒酒！

（2）**好爸爸不会随便发火。** 好爸爸在平时都会很注意自己的修养，绝不会随便地发火。好爸爸知道随便发火会给孩子带来什么样的影响，也知道随便发火会让孩子心理上有阴影，不能很好地面对自己的未来。所以作为好爸爸会在这一方面很好地控制自己，因为好爸爸心中一直有个信仰叫做"一切为了孩子"。

（3）**好爸爸会找事情的起因。** 好爸爸和坏爸爸的区别就在于好爸爸会在事情发生后好好地想事情的起因经过，而坏爸爸只会一味地追寻结果。好爸爸的教育会让孩子学会一切都要以事实说话，而坏爸爸的教育会让孩子习惯以暴力解决问题。因此，好爸爸如果发现孩子身上有什么问题的时候，应当耐心地指导，和孩子一起讨论做错的地方，让孩子自己认识到错误，而不是像坏爸爸一样，用武力解决。

第三节　好爸爸胸怀宽广

不会宽容别人的人，是不配受别人宽容的，但谁能说自己是不需要宽容的呢？

——俄国批判现实主义小说家屠格涅夫

今天，爸爸开车送孩子去上学，在路上的时候，被逆行骑车的妇女给撞了。那名妇女骑了一辆蓝色的电动车，和车子撞后就直接摔倒在了地上，爸爸急忙下车去看那名妇女有没有事，儿子也跟着下了车。

那名妇女此时已经坐了起来，看起来没有什么大碍。

爸爸把妇女扶起来后关切地问那名妇女："大姐，你现在怎么样了啊？能不能走路啊？"

妇女说："大兄弟，我没事的，就是头有点晕，你怎么样啊？都怪我，急着给孩子送书包，就抄了条近路，逆行行车，没想到刚骑几步远就出了这档子事，实在是对不起啊！"

爸爸看了看周围，都是从孩子书包里洒落的课本，于是爸爸一面招呼儿子和自己一起帮忙把课本捡起来，一面回答道："大姐，你头晕我带你到医院检查一下吧！看有没有什么事，我和孩子都没事的，你不用担心。"

"那怎么能行呢？我没有事的，再说是我撞你的，怎么能让你带我去医院呢？我们农家人皮厚、耐摔，没事的，再说了，我还要帮孩子送书包呢！要不孩子就看不到书了。"妇女说道。

"要不这样吧！你告诉我你孩子在哪里上学，我帮你送去吧，反正我也要送儿子去上学，你在这里等我，等会我送完书包再带你去医院。"爸爸提议说。

"那怎么好意思呢？我自己可以去的。"妇女不好意思地说。

"没事的，大姐。"在爸爸的一再要求下，妇女把孩子的学校告诉了爸爸，儿子一听正好是自己的同学，儿子对妇女说："阿姨，书包就交给我吧！我和你儿子是同学，你儿子可棒了呢！真的好厉害，我们都很佩服他呢！"妇女听了很高兴，把书包给了儿子，不过不同意爸爸带她去医院。再三劝阻无果后，爸爸便带着儿子准备出发。

"先不要走，你的车被划伤了，我赔你钱吧！"妇女突然叫住爸爸说。

爸爸低头一看确实是的，笑着对妇女说："没事的，这不是你弄坏的，前几天就有的，还没来得及修，今天要修的就正巧被你看到啦！"

"怎么可能，我撞了你的车你不仅没有怪我，还帮我送书包给儿子，我都已经够亏欠的了，再怎么也不能不赔你的车钱。大兄弟，我知道你人好，但每个人做事都是有原则的，我虽然穷，但我是有志气、有原则的。"妇女激动地说。

无奈之下，爸爸就让妇女给了十块钱，妇女一直问够不够，爸爸说够了。其实，这点钱哪里够了，连上漆都不够。

在车里，儿子问爸爸怎么不让妇女索赔还要对她那么好，爸爸告诉儿子，妇女是无心之过，为了孩子才那样的。而从妇女的穿着上知道她并没有什么钱，可他还要送孩子去好的学校上学，可见她是个伟大的母亲。并且她并非不负责的人，从她一定要赔偿车费上可以看出，她做人很有原则，是个以事论事的人，让她给十块钱，是想让她在经济不受太大损伤的时候良心也可以不受谴责。

听了爸爸的话，儿子受益匪浅，他对爸爸说："爸爸，你真伟大，我一定要向你学习！"其实，生活中儿子早就与爸爸一样了，由于受爸爸的影响，儿子同样心胸宽阔，不会因为小事情就对人怀恨在心，相反总是把自己摆在吃亏的一方。

爸爸是引导孩子怎样做人、做事的范本，儿子会根据范本书写自己的历程。爸爸给孩子什么样的范本，孩子就会给爸爸什么样的内容。

孩子就像是一面镜子，爸爸什么样子，儿子就会呈现出什么样子，孩子就是爸爸的反射物，在孩子的身上，爸爸可以找到自己身上所存在的问题。因此在教育孩子的同时，请先教育一下自己。

 给好爸爸的悄悄话

"宰相肚里能撑船"是告诉人们，只有存在博大的胸怀才能成就大的事业。不拘于小节，才能顺心地行走。拥有博大的胸怀不仅会对事业有帮助，在教子和生活中更是起到很大的作用，会让你与人结交处处留好。而好爸爸从小教导孩子胸怀宽广，相当于为孩子开通了一条与人为善的道路，能让孩子走起来不用那么费力。那么，如何为孩子铺好这样的路呢？好爸爸还要注意以下几点：

（1）邻里之间互尊互爱，不为琐事与人起争执。和邻里之间的互尊互爱是直接射入孩子眼里的良性教导。当孩子感受到爸爸和邻居相处得很好能给自己带来快乐时，孩子也会遵守爸爸与人相处的原则，处理好自己和周围人的关系，使身边的人都能感受到快乐。

如果家长和邻里之间经常因为琐事起争执，孩子就会感觉生活得很压抑，不能释放自己的情感。如果家长在和邻居争吵的过程中与人发生了口角或肢体冲突，会让孩子对邻居产生怨恨，导致双方不能很好地相处，就会成为阻碍孩子健康成长的隐患。

（2）**遇事不斤斤计较，尽量做到大事化小、小事化了。**很多事故的发生都是因为斤斤计较所造成的。原本很小的一件事情，会因为一些胸怀大的人而化没，却也会因为一些小肚鸡肠的人而增大，这是为什么在处理一些民事纠纷上，旁观者常常以"小事一桩也能惹成大事"的问题上笑谈议论。其实，这也是需要爸爸在教育孩子的时候要谨慎注意的，以防孩子将来也会发生这样的情况。

（3）**教导孩子，与人行善也要注意方式。**就像故事中爸爸在处理车祸的时候一样，如果爸爸没有要那位大姐的钱，无论当时爸爸是多么富有爱心、胸怀宽广，大姐都可能会怒言相向，因为这个世界有比钱重要的，叫做自尊。

一个人你可以觉得她没钱，但是你绝对不可以伤害她的自尊。钱再有用，终是买不到自尊，而拥有自尊，也就有了赚钱的动力。

教导孩子即使是行善，也不可以做伤害人自尊的事情。有这样的一个故事：

一个流浪汉在路边卖唱，有位富人路过，嘲笑着往他的罐子里扔了一枚硬币，当富人正要走的时候，流浪汉说："先生，你的钱掉了。"富人很大气地笑笑说："嗨！穷鬼，那是赏给你的。"流浪汉说："先生，你的钱踩着我的地方了，请把它挪个地方，我这里不欢迎铜臭味。"

流浪汉无疑是用这种方式告诫富人：我的尊严比你的钱更重要，所以不要拿你沾满铜臭味的钱和我比较。这也是需要爸爸告诉孩子们，做任何事情都不应当伤害别人的自尊。

第四节　尊重孩子，习惯换位思考

人的内心里有一种根深蒂固的需要——总想感到自己是发现者、研究者、探寻者。在儿童的精神世界中，这种需求特别强烈。但如果不向这种需求提供养料，即不积极接触事实和现象，缺乏认识的乐趣，这种需求就会逐渐消失，求知兴趣也与之一道熄灭。

——苏联著名的教育实践理论家苏霍姆林斯基

小兵有一位让同学羡慕的好爸爸，向来不会随便发火，在遇到问题的时候总能为双方考虑，让双方的问题在握手中解决。

小兵的爸爸从事着调解工作，还被国家颁奖表扬，被授予"最成功的调解员"称号。

而小兵在爸爸的影响下，也喜欢调解同学之间的问题，被同学戏称为"居委会大叔"，不过这个大叔真的很棒，处理问题和爸爸如出一辙。

这天，小兵和爸爸一起去商场买菜，快到蔬菜区的时候，就听到有人在争吵，这时小兵和爸爸发挥了自己调解员的魅力（一个是真正的，一个是自称的），迅速跑向发生争吵的人群。

争吵的是商场的营业人员和买菜的大妈。爸爸和小兵到的时候就听到关于下面的对话。

"你这人怎么回事，商场是你家开的啊！我不要这把菜，你干吗要把它丢到我篮子里？"大妈抬高了八倍的嗓门喊道。

"不是的，我没有，菜是自己滚下来，我刚想帮你拿起来。"营业员解释到。

"哼，自己滚的，你说笑吧！你让他们评评理，有谁见过菜自己会滚的。"大妈不依不饶的说。

"真的，你可以看下，放菜的地方是向下倾斜的，今天的菜又多，所以我摆放的时候不小心把菜滑落到了你的篮子里，我刚才是真的要把它捡起来的，请你相信。"营业员真诚地说。

"让我相信，我刚才亲眼看到你把菜放到我的篮子里了，让我相信你什么啊！现在人多了你就这样说，你还真是狡猾，想人家说我欺负你是吧！没事，我不怕……"大妈还是据理力争道。

爸爸和小兵仔细地看了下放菜的器具，都不约而同地点了点头。只听小兵在爸爸的耳边说："爸爸，看我的吧！你就在旁边看着。"爸爸鼓励地点了点头。

"奶奶，你可以帮我一个忙吗？"小兵站到了大妈和营业员的中间真诚地问道。

大妈看着是一个小娃子，脸色也缓和了许多说："可以啊！我小孙子就和你一样呢！你想让我帮你什么忙啊？"

"可不可以拿着菜从这个方向把菜放下呢？"小兵指了指营业员的位置。

"你是不相信奶奶刚说的话是吧！行啊！既然你和我孙子一样，那我就让你看看谁说的是假的。"奶奶脸色不悦地拿着菜走到了营业员的位子上，把菜丢到了放菜的器具上。

奇怪的事情发生了，菜真的动了起来，菜顺着斜坡又重新滚回了大妈放菜的篮子里，这时大妈总算知道自己错了，脸上满是不好意思的表情。

"刚才真对不起啊！如果不是小娃子让我亲身经历，我还不会知道真的是我错了，希望你能原谅。"大妈真诚地道歉着。

"没事的，误会解除了就好，这是我们应该做的。"营业员笑笑说。就这样营业员和大妈握手言和了，而小兵父子俩也快乐地悄悄散场了。

故事中的爸爸并没有因为孩子还小，就阻止孩子去解决营业员和大妈之间的矛盾，而是给了孩子信任和鼓励，让孩子可以充分发挥自己想要解决事情的能力。这是爸爸肯和孩子换位思考所得来的结果，而爸爸的这一决策不仅是对孩子的尊重，更是对孩子的未来负责。让孩子知道了，人和人在一起相处的时候一定要从双方的位置考虑事情，绝对不可以只从单方面考虑。如果考虑事情只从单方面考虑的话，问题只会增加不会减少。

给好爸爸的悄悄话

和孩子换位思考，既尊重了孩子也尊重了自己。如果爸爸的教育是在换位思考中成长的，那孩子的将来也会在换位思考中完成。而这样的教育可以让孩子在未来的路上少起争执。当孩子遇到问题的时候会认真地思考，站在双方的位置寻找解决的方案，这样的方法可以让孩子结交更多的朋友，见识更广的世界。那么，好爸爸应当如何做才能让孩子向理想的彼岸发展呢？

（1）**尊重孩子，认真思考孩子说过的话。**尊重是不分历史朝代、不看年龄地方的一种长存的沟通方式。只有人人都处在尊重的线上，社会的发展才会更恒稳。

好爸爸在教导孩子的时候就一定要把尊重放在第一位，如果好爸爸的教育只存在于"我说你听"的教育方式上的话，这会给孩子和爸爸今后的相处造成阻力，使孩子从小就对爸爸产生不满，存在强烈的意见。而这样的不满一旦触发将不可挽回，最终形成不可化解的矛盾。

爸爸在教育孩子的时候还应当认真地思考孩子说的话，把孩子说的话记在心里，仔细考虑孩子说的话是否是正确的，而不是在孩子提问的时候一口回绝，要让孩子感觉到你真的在意他，因为你在聆听。

（2）**把换位思考变成习惯**。习惯决定成败。好的习惯会给孩子带来好的前程，而习惯并不是天生就存在的，它是由后天形成的。所以好爸爸要做的就是把所有好的性格都变成孩子的习惯，让好的习惯引导孩子好的未来。

换位思考是培养孩子做事不莽撞，可以用平和的心态把事情圆满解决的一种方法。如果好爸爸引导孩子将这种方法变成了习惯的话，会让孩子未来的路走得顺畅些。

（3）**多给孩子讲些换位思考所带来的好处**。当一件问题不大的事情发生的时候，如果双方只想着自己的利益，那小矛盾也可以成大问题。相反，如果事情发生的时候，双方都可以从对方的角度想问题，那时，再大的问题也能被化解。好爸爸要做到的是把这些道理融会贯通到孩子的脑中，让孩子知道遇到问题用什么方法才是最好的，以此阻止孩子犯错的几率。

第五节　好爸爸是蹲下去时最高大的人

人，只要有一种信念，有所追求，什么艰苦都能忍受，什么环境也都能适应。

——中国现代作家丁玲

"爸爸，明天有我的比赛，你能来观看吗？"儿子急切地问爸爸。

"可以啊！儿子的比赛是很重要的事情，爸爸一定会去看的。"爸爸疼爱地摸了摸孩子的头回答道。

"哦耶，爸爸好伟大哦！"听了爸爸的回答儿子兴奋地叫道。

第二天一早，儿子整理好东西后对着爸爸说："爸爸，我的比赛是下午三点钟开始的，你不要忘记咯！"

爸爸冲儿子摆了个OK的手势，儿子便高兴地去学校了。

三点钟后，爸爸准时来到了学校，看着儿子中气十足的样子，爸爸给孩子竖起了大拇指，然后告诉孩子要加油，儿子也很认真地点了点头。

没过一会儿，比赛就正式开始了，在跑道上，每个孩子都很努力地在表现着自己。

最开始的时候，儿子是在后面半挂着呢！后来快到终点的时候儿子便猛地冲了上来，眼看着成功在望了，儿子忽然被一起赛跑的人给不小心绊了一下，立马摔倒在了地上，而被后面的人抢了个先，就这样，本该是儿子的第一名就在自己的眼皮下溜走了。

当爸爸找到儿子的时候，儿子正蹲在一边的草坪上哭泣，爸爸知道儿子并不是哭摔倒了痛，而是因为自己没有表现好，没有让爸爸看到自己得第一名感到委屈。

于是，爸爸走到孩子的面前蹲了下来，顺便把儿子扶了起来说："儿子，爸爸看到你成功了，你是个男子汉。"

儿子看到爸爸便大声地哭了起来，儿子说："爸爸，我没用，我没有跑第一，早知道我没跑第一我就不要你来了，你知道吗？我每天都比别的同学要努力的练习，可是，为什么就那么不公平啊！呜呜……"

"儿子，你看着爸爸，爸爸看到你真的成功了，因为你敢于拼搏，刚才你被绊倒的时候还努力站起来跑到最后，连爸爸都为你的坚持感到骄傲呢！"爸爸眼神里透着坚定说。

"以后你的每个比赛爸爸都会去参加，因为你让爸爸感到骄傲。"爸爸看着儿子肯定地说道。

"真的吗？爸爸不怪我没有跑第一，还要参加我所有的比赛？"儿子擦了下眼泪吃惊地问道。

看着爸爸坚定地点了点头，儿子破涕为笑了。

在故事中，孩子很看重爸爸对自己的看法。由此可见，爸爸对孩子的教育是很成功的，最起码他让孩子很信任他。在故事中不难发现，孩子很怕爸爸会对自己失望，孩子的一切举动都是想象爸爸会有的情绪所产生的，所以说，在这个故事中爸爸对孩子的影响很深。而孩子在听到爸爸会参加自己所有的比赛时就笑了，可见孩子深爱着自己的爸爸。当孩子在草坪上哭的时候，爸爸是蹲下去然后把孩子扶起来，和孩子平等地交流，这一举动是值得所有的爸爸学习的。

给好爸爸的悄悄话

好的爸爸会成为孩子的偶像，孩子会随着爸爸的改变而改变。在孩子的眼中，爸爸是世界上最高大威猛的人了。因为孩子是在爸爸的肩膀上长大的，而且站在爸爸的肩膀上，孩子看到了很多新奇的东西，所以孩子会觉得那是制高点。

而当孩子长大的时候，爸爸不能随便举起孩子的时候，也应当给孩子一个一览无遗的空间，让孩子可以勇敢地走自己未来的路。而不是站在孩子的面前挡住孩子的视线，让孩子分不清方向。那么，作为好爸爸怎样才可以让孩子清楚地看到前面的路呢？

（1）和孩子心平气和地沟通。想要和孩子很好地交流，首先爸爸要把孩子放在心里，然后再走进孩子的心里，把孩子拉到自己的心里，当孩子看到爸爸满心里都是他的时候，孩子会感到骄傲，这会给孩子很大的鼓励，促使孩子和爸爸用心交流。因为感动可以融化很多东西。而爸爸在和孩子建立了良好的基础的时候还要记得用心去维护，只有不断地维护才可以让孩子越来越信任你，会把你当成良朋益友，和你诉说心里的秘密，这会使你更加了解孩子。

和孩子沟通的时候不能总用爸爸的威严压迫孩子遵从你所说的，那样孩子只会变得叛逆，到最后连你们好不容易建立的感情也很容易被破坏。所以和孩子沟通的时候应该是给孩子说话的机会，然后爸爸和孩子一起讨论得到结果，而不是爸爸根据自己的意见一锤定音。

（2）参加孩子所有的比赛。比赛是很激烈的，而有爸爸在场的比赛是更激烈的，因为每个孩子都希望自己能在爸爸面前表现出最好的一面。孩子期望爸爸能为自己鼓掌，也期望爸爸可以赞扬自己。因此好爸爸应当参加孩子所有的比赛，这样做的好处是会给孩子添加无形的动力，让孩子自愿努力地表现自己。

（3）蹲下去和孩子说话。爸爸的个头是高于孩子的，当爸爸和孩子在一起说话的时候，会给孩子造成视觉上的压力，而这种视觉上的压力会让孩子感觉身边有股无形的压迫感，使孩子无法正面地去看待事情。而当孩子受到伤害的时候，如果爸爸蹲下去和孩子说话，会让孩子知道你和孩子是平等对立的，你们在一起没有任何的不协调，可以鼓励孩子勇敢地面对问题。

第六节 教孩子学会等待

善于等待的人，一切都会及时来到。

——法国19世纪伟大的批判现实主义作家巴尔扎克

你知道奇迹的前奏是什么吗？是等待。

四年级的小雪可以准确地告诉你，奇迹的前奏就是等待。

或许要等待很长时间，或许只需要一分钟。但是，小雪的亲身经历告诉了她，奇迹在于等待。

三个月前，小雪的妈妈因中风住进了医院，医生检查过后告诉小雪和爸爸说，妈妈康复的几率不大，小雪很害怕，怕自己再也看不到妈妈了。

而爸爸却对小雪说："雪儿别怕，我们要给妈妈加油哦！妈妈听到我们对她的期盼一定会没事的哦！"

"可是刚才医生叔叔说妈妈不能康复啦！呜……爸爸，我不要妈妈有事，我还要她陪我玩呢！"小雪大声地哭了起来。

"雪儿，真的没事的，你相信奇迹吗？只要我们用心等待，奇迹就会出现，奇迹会帮我们治好妈妈的，真的，只要我们用心等待，虔诚地为妈妈祈祷，奇迹就会出现的。"爸爸坚定地说。

看着爸爸坚定的眼神，小雪仿佛看到妈妈就在自己的眼前向自己招手一样。小雪告诉自己，相信爸爸的话，只要自己用心等待，虔诚地祈祷，妈妈就一定会好起来的。

就这样，小雪每天都和爸爸轮流和妈妈讲一些生活中的趣事，讲对妈妈的思念，希望妈妈早点康复。

就这样，在小雪和爸爸的照顾下，妈妈渐渐地有了起色了，偶尔还会动一下手指，爸爸告诉小雪，这就说明妈妈已经开始有知觉了，只要我们坚持不懈地刺激妈妈的脑神经，帮住妈妈不断地做运动，妈妈就一定能好起来。

爸爸的话给了小雪很大的触动，看着爸爸乐观的脸，小雪觉得真的只要等待，妈妈就一定会好的。

终于在三个月后，妈妈的病真的全好了，而且没有留下任何后遗症，而这件事情也让小雪深深地明白了，只要不放弃，愿意等待，奇迹就会出现。

孩子的内心都是很脆弱的，孩子不知道如何去面对突发的状况，犹如小雪一样，妈妈的病让她很压抑，她不知道如何去面对事情，如果不是爸爸的存在的话，小雪可能会在想象妈妈会丢下自己的思想中崩溃，是爸爸的乐观打动了小雪，告诉小雪，只要等待就一定会有奇迹出现，小雪就是受到了爸爸的鼓励才能勇敢面对的。

现在来说说爸爸，爸爸就真的是不怕吗？当然不是，他只是不能表现自己的担心和害怕，如果自己也害怕了，那女儿就会更怕，那会让孩子活在恐惧中。所以爸爸就必须要假装坚强，告诉孩子只要等待一定会有奇迹出现，这给了孩子和自己一份寄托，也是这份寄托让他们的等待才不显得孤单。

给好爸爸的悄悄话

爸爸给孩子的感觉是坚强的，有承受能力的，可以面对和战胜一切困难的。所以孩子在面对重大抉择的时候都喜欢和爸爸商量，只有在生活方面的琐事上才会找妈妈商量。在这里，不难看出，爸爸比妈妈更具有说服力。

教孩子学会等待，等于是在教孩子学会生存，学会对自己所期待的事情不要仓促地下结论。让孩子知道，只要你付出了努力，就一定会有收获，只是在时间上的不同而已。教孩子等待还需要告诉孩子下面几点：

（1）**给自己希望，也给等待一个机会。**一些人因为不能正确地领悟等待的意义，以至于白白浪费了可贵的生命。

有这么一个人，他的学习成绩很好，因为没有考到理想的学校而决定重新复读一年，在第二年的考试中他还是没有在理想学校的光荣榜上找到自己的名字。在万念俱灰的情况下他对生活绝望了，他觉得自己活得很痛苦，于是选择了自杀来结束自己的痛苦。然而就在他死后的第二天，他心中的理想学校以特等生的录取方式来到了他家，可惜的是看到的只是一具冰冷的尸体。

给自己希望，让自己可以勇敢地等下去是多么重要的一件事情啊！懂得等待的人在任何事情上都会给自己多条路，而放弃等待的人却是给自己本该是畅通的路设下了围墙，让自己无路可走。所以，爸爸在教导孩子的时候一定要告诉孩子给自己多留条路。

（2）**教导孩子应当在等待中学会坚强。**等待是很漫长的事情，有些事情或许等了一辈子也没有结果。但学会等待的人却不会后悔，因为他一直都相信奇迹一定会降临的。只要心中一直都保存着一份期待，就一定会有奇迹的发生。因此，好爸爸要帮助孩子坚持心中的这一份执著，它可以让孩子变得更坚强勇敢。

（3）**当孩子感到孤独时拍一下孩子的肩膀。**等待会让孩子感觉到孤单和害怕，好爸爸此刻应该多关心孩子，让孩子知道他不孤单，因为你还在陪着他，这会给孩子勇气，让孩子可以重新振作起来。

第七节 寻求对孩子的理解和对自己的理解

世间没有一种具有真正价值的东西，可以不经过艰苦辛勤劳动而能够得到的。

——美国发明家爱迪生

在儿子的心中，爸爸一直都是自己的偶像。而这个偶像并不是以外貌取胜，而是因为，爸爸有一颗为自己着想的心。

爸爸从不会要求儿子一定要遵照自己的意见做事，爸爸给了孩子一个理解的空间，任何有关孩子教育的决定，爸爸一定会和孩子一起讨论，尊重孩子的意见，取得双方都满意的结果。

在儿子做错的时候，爸爸会细心地向孩子讲解他哪里做错了，让儿子可以真正认识到自己的错误。绝不会像其他孩子的爸爸一样，在孩子做错的时候，就对孩子既打又骂。

爸爸经常会带儿子去玩儿子喜欢的游戏，让儿子感到放松，没压力。

而在爸爸的明理下生活的儿子同样很听话，从来不会无理取闹。

在爸爸办公的时候，儿子会静静地在爸爸的办公室里玩着自己的玩具，等着爸爸下班。

当爸爸在和顾客谈生意的时候，儿子即使肚子痛也会强忍着不告诉爸爸，等爸爸谈完生意后再让爸爸带自己去医院，他怕影响爸爸的注意力。

当爸爸因为某些重要的原因不能满足孩子的意愿的时候，儿子便会调皮地对爸爸说："下次不许再耍赖了！"

儿子和爸爸的相处真的很愉快，他们是让很多人羡慕的父子俩，父子俩互相理解着对方，处处为对方着想。

这是让人羡慕的父子俩，儿子和爸爸都是为对方在生活着。但是，他们并不觉得累，因为理解让他们学会了如何为彼此分担，而不是施压。他们就是新时代的表率。这为还沉浸在"爸爸不理解自己，儿子不听话"的盲目教育上的爸爸树立榜样，让爸爸知道，只要你多为孩子着想，给孩子多份理解，孩子也会和你一样的，给你同等的理解和尊重。

♥ 给好爸爸的悄悄话

爸爸一直都是孩子学习的榜样，中国的传统教育史就留下了这样经典的一句话"有其父必有其子"。由此可见，爸爸对孩子的影响是很大的，因为这是前辈留下的推不翻的至理名言，在当今的社会一样的受用。所以，要做好爸爸就必须给孩子好的榜样。那么如何给孩子树立好的榜样呢？

（1）**任何时候都尊重孩子的意见**。尊重一直都是被我们反复强调的话题，因为尊重可以让人们更友爱。所以，和孩子的相处也是一样的。在孩子会说话的时候，他就已经有了参与问题的权利，而好爸爸会绝对尊重孩子的权利，让孩子参与到问题中来，然后综合大家的意见给出满意的答案。

（2）**好爸爸不会强加自己的意见给孩子**。当孩子喜欢一样东西，而爸爸不喜欢的时候，好爸爸不会强制性地让孩子放下那样东西，而是会仔细地问清楚孩子喜欢的缘由，然后根据不同的情况给出孩子满意的答案。

（3）**理解孩子，就是理解自己**。当爸爸对孩子的态度一直表示理解的时候，孩子也会对爸爸表示理解。就像例子中的父子俩一样，他们就是处在相互理解的起点上的。相互理解是需要爸爸首先做好领路人的，只有爸爸首先理解了孩子，孩子才会跟着爸爸的思想延伸，然后去理解爸爸，这就是"诱导教育"。所以，爸爸想要孩子成为什么样的孩子，就给孩子树立什么样的榜样。

第八节 用孩子的眼光看世界

世界上使社会变得伟大的人，正是那些有勇气在生活中尝试和解决人生新问题的人！

——印度作家、诗人泰戈尔

　　星期天，爸爸带着七岁的儿子去游乐园玩，看着其他的孩子都在有趣地玩着游戏，而自己的儿子却只是趴在一边闷闷不乐，爸爸很好奇地问："儿子，怎么了，你怎么不和小朋友一起去玩呢？"

　　"没劲，都是些小儿科的游戏。"儿子说。

　　"是吗？那你喜欢什么啊？"爸爸问。

　　"我喜欢跳舞，爸爸，我跳舞很棒的，连老师都表扬我呢！"儿子得意地说。

　　"那爸爸带你去跳舞好吗？"爸爸询问道。

　　"真的吗？爸爸真的要带我去跳舞？"儿子不相信地问。

　　"嗯，怎么？你不喜欢了吗？"爸爸故意挑战孩子说。

　　"爸爸，那我们快走吧！"儿子才没时间理会爸爸呢！直接拉着爸爸的手就向出口的方向走去。

爸爸把儿子带到了少儿俱乐部，在这里儿子看到了很多和他一样的孩子，儿子催促爸爸快去交钱，说自己要去和他们大秀舞姿，让爸爸一饱眼福。

爸爸交了钱后就和儿子一起来到了练习的场地，儿子看到场地就兴奋地跳了起来。这里的教导老师把小孩子又重新分了一下组，儿子和一位小妹妹跳了起来，两人看起来都很开心。

在少儿俱乐部玩了整整一下午，回来后儿子还是意犹未尽，爸爸很好奇地问儿子："儿子，爸爸没有帮你报舞蹈班，你怎么学会跳舞的啊？"

"爸爸，我是看着碟片学的啊！你们有时候都不在家，我一个人无聊就看着碟片练习了，爸爸，我跳得好不好啊？"儿子回答过后，又急切地问爸爸。

"嗯，我儿子跳得非常棒，开学的时候爸爸就给你报舞蹈班怎么样啊？"爸爸赞扬地对儿子说。

"真的吗？爸爸万岁耶！"儿子兴奋地说。

开学后爸爸给儿子报了舞蹈班，儿子对舞蹈确实很有天分，经常被老师夸奖，现在儿子正在准备参加比赛呢！

孩子的年龄虽然小，但是已经有了自己对事物的判断能力，而对事物的判断力足以让孩子知道了如何去表现自己的喜恶。所以，爸爸此时应该尊重孩子眼睛里看到的好与坏，和孩子一起分享孩子眼中的世界，只有这样你才可以知道为什么孩子眼中的事物和自己看到的是不一样的。

给好爸爸的悄悄话

爸爸和孩子有着身高和思想上的差别，所以不要奢望孩子会和你有一样的想法，当孩子表现出对一件事情不满的时候，爸爸应当和孩子站在同样的角度，去看孩子眼中看到的是什么，而不是一味地指责孩子不听话。

有这样的一个案例：

爸爸带孩子去坐公车，在上车的时候，儿子就开始拼命地哭了，当爸爸一边指责孩子一边蹲下来给孩子擦眼泪的时候，他看到了让他神经被刺痛的一幕，在他的面前是数不尽的屁股，这一刻，他知道了孩子哭泣的原因，于是立马要求下车，和孩子一起走了回去，在路上他看到孩子又重新快乐起来，并且从那以后，爸爸再也没有带孩子坐过公车了。

要做一个好爸爸，就要通过孩子的眼睛去看孩子看到的世界。那么，如何做一个从孩子眼中看世界的好爸爸呢？

（1）**在孩子哭泣的时候，蹲下去看孩子眼里的世界。**爸爸带孩子逛街的时候，会发现孩子会突然莫名其妙地哭了起来，当爸爸把孩子抱起来的时候，孩子的哭声会戛然而止，再放下去的时候，孩子又会哭了起来，这是爸爸会觉得孩子是故意耍赖。如果爸爸此时蹲下去和孩子保持一样的视力水平的时候，就能发现在孩子的眼中他看到了怎样可怕的景象。所以，好爸爸要学会蹲下来看孩子的世界，只有这样才能明白孩子在怕什么，在笑什么，而不会再说孩子莫名其妙了，因为爸爸会发现你和孩子看到的是两种不同的视觉反映。

（2）**多站在孩子的位置看问题。**当爸爸在责骂孩子不听话的时候，有没有想过平常很听话的孩子为什么会出现这样的反常，这时爸爸就应当多从孩子的位置看待问题，而不是追溯孩子不听话的缘由。当爸爸能正确地站在孩子的位置看问题的时候，就可以清楚地知道孩子反常的原因了。

（3）**让孩子做自己兴趣的主宰。**把选择权交给孩子，让孩子自己选择自己喜欢的项目，只有这样，孩子才会有很好的发挥。如果强硬地扭转孩子的兴趣爱好，让孩子跟着你为孩子安排的路行走，那样孩子永远都是在原点踏步。

262

第九节　好爸爸微笑对孩子，坏爸爸经常板着脸

当一个人用工作去迎接光明，光明很快就会来照耀着他。

——中国诗人、作家冯雪峰

　　下面这两篇关于《我的爸爸》的文章，揭露了孩子心中的好爸爸和坏爸爸的区别。

　　"我的爸爸是一位建筑工人，他每天都在工地上做着苦力活。可是，每次回到家里，爸爸总会把我抱起来，微笑地对我说我是他的幸福，是他的动力，只要我快乐地生活，他做什么都不觉得辛苦。我的爸爸没有文化，是新时代的弃婴。但我爱我的爸爸，所以我要更加努力地学习，让爸爸未来可以不用那么的辛苦。"

　　"我的爸爸是一家公司的老总，我生活得很富裕，但是我却不快乐，爸爸每天都有忙不完的事情，从来都不理会我开不开心。当我硬拉着爸爸和我一起去玩的时候，爸爸便会板起脸来说我不听话，然后拿钱给我让我自己去玩。我不喜欢我的爸爸，在爸爸的身上，我看不到自己的存

在，他给了我很多冰冷冷的钱，但我宁愿用这些钱去买他该给我的温暖，我现在最希望爸爸的公司可以倒闭，那样他就可以好好地陪我玩了。"

这是两个不同家庭里的孩子所写的文章，看了文章后我心里面百感交集。孩子的心里真的很纯真，他所要的也只是爸爸对自己笑，和自己玩。孩子是知道如何表现自己的，只是很多爸爸都不愿意听。

第一个孩子知道爸爸辛苦，为了爸爸他要努力地学习，因为他要让爸爸不再辛苦，他知道知识可以改变命运。而第二个孩子虽然生活很富裕，但是却没有同龄人该有的幸福，因为爸爸为了工作而忽略了他，因此，他希望爸爸的公司倒闭，那样就可以陪自己了。或许，你会觉得孩子心肠不好，竟然要诅咒爸爸的公司倒闭，但是当你真正站在孩子的角度去想事情的时候，你就知道孩子有多可爱，又有多可怜。

他只是需要爸爸可以分出点时间陪自己玩，可是爸爸都无法满足，在孩子的眼里，钱根本就不算什么，相反，孩子会觉得钱是阻碍快乐的障碍物，孩子需要的是快乐，需要爸爸每天都可以快乐地对自己说"你是爸爸的骄傲"，而不是板着脸说"到一边玩去"。

孩子的心里很纯真，他希望爸爸可以在自己的身边，陪自己玩，和自己说笑。那时，孩子就会觉得很快乐。他会觉得他是世界上最快乐的人。因为他的爸爸很爱他，所以为了爸爸，他会更加努力地表现自己，他要爸爸和自己一样也做最骄傲的爸爸。

 **给好爸爸的悄悄话**

孩子很在乎爸爸是否关心自己。如果爸爸对自己的关心切入了主题，孩子会感觉幸福。可是如果爸爸忽略了孩子心里最需求的东西，而只是拿钱来弥补孩子的话，孩子对爸爸的印象只会是冷冰冰的感觉。作为好爸爸需要的是和孩子沟通，你要去了解孩子，让孩子知道你的想法。下面这几点告诉好爸爸应该怎样做：

（1）**多和孩子在一起玩，向孩子表达你对他的爱。**"爱"是世界上最动听的语言了。爱可以化解仇恨，爱可以融化伤痕，爱可以让每个人感觉到快乐。所以，好爸爸应当多向孩子表达你对他的爱，而不是把爱常埋于心。

当孩子亲口对你说"爸爸，我爱你"的时候，你是不是也会感动，觉得自己是世界上最幸福的人了呢？其实，孩子也是一样的，他也希望你可以对他说这句话，那样会让孩子振奋，更加努力地表现自己给你看，他是想证明你爱他是正确的。

（2）**要牢记微笑是天使，生气是魔鬼。**"笑"可以感化人心，让棘手的问题变得不再那么困难。如果爸爸每天都能快乐地面对孩子，孩子也会快乐地面对你，这就是"双面效应"。生活在快乐里的孩子会对一切事情都满怀乐观的心态，而生活在生气氛围里的孩子对周围的一切都会感到害怕，渐渐的，孩子会变得懦弱、自闭。所以好爸爸要让孩子生活在充满阳光的世界里，让孩子真正沐浴幸福！

（3）**不要因为工作而放弃孩子。**不要和孩子说你工作忙，不要烦你。爸爸要相信，孩子的眼睛也能看出来你现在的状况，所以不要总是找借口打消孩子想和你玩的念头。即使你真的很忙，只要你愿意把手头的事搁一下，陪孩子玩一会儿，孩子也会觉得你很伟大。如果你经常以工作为由拒绝孩子，慢慢的，你就会发现孩子和你之间会有一条裂缝，而此时如果你还不知道及时补救的话，这条裂缝就会形成你和孩子之间的危机，导致你们感情不和。

第十章　智慧灵活型好爸爸：
　　　　给孩子高智商与好方法

创造奇迹的是智慧，而把智慧灵活运用的却是教育。即使天生聪慧，如果没有后天的辅助教育，到最后也只会出现"伤仲永"的悲哀罢了！这一切都是告诉爸爸，教育孩子要全面，绝不可以只追求半面风光。

第一节　好爸爸有大智慧

缺乏智慧的灵魂是僵死的灵魂。若以学问来加以充实，它就能恢复生气，犹如雨水浇灌荒芜的土地一样。

——阿拉伯学者阿布尔·法拉治·伊斯法哈尼

放暑假了，老师给孩子布置了一个很生动的作业，要孩子观察蚂蚁，并把对蚂蚁的观察和感悟都记录下来。

女儿回家后就问爸爸："爸爸，我怎么样才可以看到蚂蚁呢？"

爸爸说："宝贝，那你可以告诉爸爸，蚂蚁喜欢吃什么吗？"

女儿歪着脑袋想了一会说："蚂蚁喜欢吃剩下的东西。"

爸爸接着问："如果你和爸爸玩捉迷藏，爸爸找不到你了，用什么样的方式可以引你出来啊！"

"我喜欢吃的东西，我最喜欢吃了，每次爸爸都是这样引我出来的。"女儿回答道。

"那如果蚂蚁在和你玩捉迷藏的话，你觉得你用什么方法，蚂蚁可以出来呢？"爸爸反问道。

"哦！我懂了，爸爸，蚂蚁和我一样喜欢吃，所以我也可以用吃的把它引出来哦！"女儿兴奋地说。

爸爸表示赞同地点了点头，并对女儿竖起了大拇指。

于是，女儿便欢快地去厨房拿了块面包，便向外面跑去。

爸爸看到女儿拿着面包找了一块干净的地方把面包放了下去，只等了一会便有蚂蚁爬了过来。可是，面包重量太重了，蚂蚁搬不动，于是奇怪的事情就发生了，只见蚂蚁们互动着触角，一会儿的工夫便引来了一大群的蚂蚁，他们分工合作，俨然是训练有素的搬工队，只用了一会儿的工夫，面包就已经被它们给搬完了。

女儿沿着蚂蚁行走的路线寻找，发现了蚂蚁的窝旁有很多细小、均匀的泥土，女儿不明白原因，就跑回来问："爸爸，在蚂蚁的四周为什么会有那么多细小、均匀的泥土呢？"

"宝贝，如果你去沙堆玩，在沙堆上刨了个坑，你会把刨出的沙子放在哪里呢？"爸爸反问女儿。

"爸爸笨哦！我当然会把沙子放在刨坑的旁边了。"女儿笑着说。

爸爸说："蚂蚁也和你一样啊！它们也知道省力气啊！"

女儿恍然大悟地点了点头，说："爸爸，你今天说的我都明白了，其实，动物和我们人类是一样的，只是我们站在了不同的位置所以就忽略了它们的生活方式。"

爸爸笑着点了点头。

"身教重于言传。"如果只是告诉孩子一道题的答案，孩子同样还是会一问三不知。这就告诉了爸爸，在教育孩子的时候，一定要讲究方法，身体力行才对，而不是机械性地输入、输出。

想要孩子不断地努力创新，拥有聪明的头脑，就必须开发孩子的潜能，让孩子善于思考，可以去想象事情的多面化，而不是单一地等待着一种结果和答案。

给好爸爸的悄悄话

在对孩子的教育上，爸爸同妈妈一样都是不可缺少的角色。爸爸是教导孩子人生取向的老师，教会孩子如何做正确的决定。那么，怎样做才会给孩子最好的教育呢？

（1）不做有问必答的机器，做开阔孩子脑力的十万个为什么。很多爸爸在教育孩子的时候都会存在这样的误区，当孩子向爸爸请教一个问题的时候，爸爸会很直接地就把答案说了出来。这样的教育方式是绝对不可取的。

有问必答的教育方式，会让孩子放弃思考的能力，直接找寻答案。如果孩子长时间处于这样的教育方式中，当有一天爸爸没能及时地回答孩子提出的问题，孩子会觉得你是在欺骗他，会让孩子对你产生不信任感。学习例子中的爸爸，他把女儿的问题都变成了反问句，然后再一步步地诱导孩子，这对孩子来说，不仅印象深刻，更能丰富孩子的想象力。

（2）在孩子仔细观察一件东西的时候，不要去打扰孩子。孩子和大人的想法和看法是不同的。一些在大人眼中很平常的事物，在孩子的眼中或许就是重大发现了。孩子能从看似毫无意义的事物中发现新大陆，然后沿着新发现再找寻更有意义的事情。所以，作为家长，应该给孩子更多集中精力的时间，让孩子可以完成自己的新发现，而不是半途而废，教导孩子做事要全力以赴。

（3）做好爸爸要不断地充电。随着时代的变迁和改革，老套的教育方式也在不断地创新，而一些旧的思想在这个新时代里就显得格格不入了。因此作为好爸爸就该把最正确的教育方式留给孩子，而不是一直沿袭老思想而止步不前。

孩子是祖国的花朵，更是家长的希望。所以在教育孩子的事情上，家长就应当先下手为强，在孩子的思想还未定格之前，对孩子进行早教意识的训练，让孩子在心里能有一个大概的印象，这有助于后天对孩子辅导性的教育。

第二节　做好爸爸先要学习

知识有两种，其一是我们自己精通的问题；其二是我们知道在哪里找到关于某问题的知识。

——英国作家、文学批评家塞缪尔·约翰生

小王现在可是院子里的名人了，为了将要出生的孩子天天上补习班，学习教子心得，看着小王每天在家里和学校之间来回跑，把一旁的人都给逗乐了。

街坊邻居都笑小王说："我们那时候谁会为一个孩子专门去学习，还不是一样把孩子给好好地养大了，现在的年轻人，真的是想不通了，就知道浪费钱，唉！时代不同喽！"

每当这个时候，小王就会一笑而过，小王知道，生活在不同时代的人思想上是有差距的，和他们再怎么解释也没有用。所谓一代粮食养一代人嘛！

小王依旧每天去学习教子心得，邻居也还是每天都讨论一样的话题。

不久前，小王的老婆生孩子了，在孩子可以抱出抚养箱的时候，周围的人都被镇住了，小王竟然不经过护士的指导，很轻松、准确地抱起了孩子，孩子在他的怀里很安静，所有当了爸爸的人都很吃惊，因为当时自己老婆生孩子的时候，他们可没有任何一个人可以像小王一样熟练。

孩子抱回家的时候，小王每天都陪孩子玩，自己做家务，陪孩子。他告诉老婆说，你辛苦生了孩子，所以我要把你受的痛苦都补回来，那样我们才算是有难同当。

孩子一直在成长，小王也一直在不断地学习，不断地完善自己的教子经验。

现在，街坊邻居看到小王学习都改口说让小王多学习，原因在于小王把孩子培养得实在是太出色了，把街坊邻居都给迷住了。

孩子很乖巧可爱，又懂礼貌，并且很能逗乐邻居们。现在，孩子已经不像是自己的孩子了，更像是大家的孩子，每个邻居都把孩子捧在手心里呢！

孩子健康的成长是家长的最大心愿，而小王深深地明白要想孩子健康地成长，自己就必须学得更多，做得更多，只有自己不断地扩充自己的知识面，才能知道孩子需要什么，不需要什么，避免了很多多余的麻烦。这也是小王为什么可以成功教育孩子的秘方，所谓秘方，也应该说是经验之谈。

给好爸爸的悄悄话

时代在进步，知识也在不断更新，现在的教育已经不再是指着天空中飞翔的大雁告诉孩子说"大雁南飞"，这样的教育已经过时了，因为有些大雁现在已经不再南飞了。它们都有了自己的暖房，这是科学家所做的贡献。"一切为了明天会更好"，那么作为好爸爸，给孩子怎样的教育才是最好的呢？

（1）**好爸爸要不断地学习新知识，给孩子带来新的开阔视野**！只有不断地给自己充电，才能更加准确地找到孩子的需求。在生活中，爸爸往往会被孩子搞得晕头转向的，不知道孩子为什么前一刻好好的，下一刻就突然变脸了，而此刻新的知识刚好可以帮爸爸解决不懂的地方，教会爸爸如何注意孩子的动向，面对孩子的突然变脸又应当如何应变。

不断地学习新的知识，会凸显出爸爸的气质，树立爸爸的权威，让孩子对爸爸产生崇拜的心理。

（2）**好爸爸要有好的性格和思想**。爸爸自身的性格和思想，会在孩子的成长中产生潜移默化的效应。爸爸是孩子行动的先锋，孩子会跟随爸爸的性格和思想来复制自己的思想和性格。因此，好爸爸在教育孩子的时候首先要先管理好自己。如果爸爸在教育孩子要注意卫生，把瓜果皮丢到垃圾箱里时，自己却将垃圾随手丢在地上。这样的做法是永远教育不好孩子的，只会给孩子带来更深的负面影响。因此，好爸爸在教育孩子的时候一定要注意身体力行才可以。

（3）**好爸爸要注意自己的形象**。形象是一个人对另一个人的第一印象，好的形象会给孩子和孩子的朋友留下好的印象，让孩子在爸爸的身上得到尊重，而坏的印象是恶性的因果循环，不仅会影响爸爸的前途，同时会给孩子带来伤害。如果孩子的朋友看到孩子的爸爸是位非常邋遢的人，孩子就会在他的朋友面前失去重视，甚至孩子会受到朋友们的疏远。另外，不好的形象会让爸爸在工作方面受挫，即使是满腹经纶，若没有得体的形象，也会受人排挤。所以，好爸爸在教育孩子的时候要给孩子树立好的形象，这也是对自己负责！

第三节　好爸爸是问不倒的

　　知识和能力是一点一点积累起来的，要注意有扎实的基础，要注意复习和巩固，不能急于求成。

　　　　　　　　　　　　　　——中国数学家谷超豪

　　"爸爸，别睡了，我们来玩脑筋急转弯吧！"儿子看着在沙发上睡着的爸爸，猛然跑到他面前说。

　　"嗯，脑筋急转弯好。"

　　"那你听好了，三个金叫鑫，三个水叫淼，三个人叫众，那么三个鬼应该叫什么？"儿子狡猾地问。

　　"救命。"爸爸眼睛都不咋一下的回答。

　　"你怎么知道？"儿子好奇地问，这道题他可是问倒了不少人呢！

　　"哈哈，这就说明你爸爸我博学啊！现在看我的，我就给你出个简单的，哪一种动物你打了它却流了自己的血？"爸爸很臭美地问道。

　　"蚊子，爸爸你也太小瞧我了，这么小儿科的题目也来问我，看我怎么对付你，世界上除了火车啥车最长？"儿子不满地说。

"塞车。儿子这可是爸爸经常遇到的问题哦！"爸爸挑衅地说。

"早晨醒来，每个人都要做的第一件事是什么？"爸爸紧跟着问。

"穿衣服。"儿子回答。

"不对，你再好好想想。"爸爸说道。

"那就是掀被子了，对不对啊？"儿子期盼着自己的答案能被爸爸肯定。

"不对，你再仔细想想。"爸爸鼓励儿子说。

"我不知道了，爸爸那是什么啊？"儿子急切地问爸爸。

"你再仔细想想嘛！"爸爸不放弃地对儿子说。

"爸爸，我真的不知道了，你告诉我嘛！"儿子撒娇地说。

"我们会做的第一件事是睁开眼睛。你想想看，你不睁眼怎么醒来啊！又怎么会有掀被子和穿衣服的动作呢？这就很明显了啊！"爸爸解释道。

"嗯，听爸爸这样子解释真的很简单耶，爸爸你怎么就问不倒呢？这些题我问了很多人了，每个人都回答不了几句。"儿子好奇地问爸爸。

"因为我是十万个为什么啊！我要给宝贝的儿子树立榜样，要不儿子怎么会听我话，向我学习呢？对吧！宝贝儿子。"爸爸自豪地说。

"是，爸爸，你是我的偶像，我要向你学习，也做十万个为什么。"儿子在爸爸的脸上留下了骄傲的一吻。

　　孩子从小就把爸爸当作偶像，只是随着时间的推移，孩子和爸爸之间逐渐会出现代沟，无论是对生活的态度，还是对知识的理解。而当这一切联合在一起的时候，如果爸爸没有足够的知识去打败这个代沟，那就会被孩子从偶像中除名。因为那时孩子会觉得你和他不是一个层次上的人，你们说的是不一样的话，互相都缺乏沟通的平台。因此，作为一位合格的好爸爸就要不断地学习，把自己变成万能的人，让孩子继续跟着你前行。

给好爸爸的悄悄话

孩子永远都有问不完的问题，而爸爸就应当是那个永不嫌烦的解说员，满足孩子的求知欲，让孩子做个凡事有始有终的人，而不是那个让孩子做事半途而废的人，让孩子对什么都是一知半解，不能全面地发展。那么，为了培养孩子的全面发展，好爸爸应当做好哪些事情呢?

（1）**好爸爸应当有足够的知识**。博学多才的人都会被人崇拜和敬仰，因为在他们的身上由学问所散发的气质，让人着迷。而作为好爸爸就应当把这样的气质延伸到自己的身上，这样孩子会很容易和你靠近。孩子的求知欲很强烈，他需要的是可以解决他所有问题、能向他解说过程和答案的爸爸，而不是一问三不知的爸爸，对他的问题表现得很默然的爸爸。因此，好爸爸要不断地为自己充电，做个让孩子崇拜的"百事通"，这样对孩子和自己都有好的帮助。

（2）**多和孩子玩脑筋急转弯**。脑筋急转弯是一种抽象的提升孩子脑力运转的方法，让孩子可以从多方面去考虑问题的答案。它有助于孩子的大脑发育，经常和孩子一起玩脑筋急转弯的游戏，可以让孩子变得更加聪明，会从多方面去想问题，而不是循规蹈矩地只追寻一种答案。

多和孩子玩脑筋急转弯的游戏，可以让孩子更善于发现问题，能引发孩子对事物的探索，让孩子更加重视对新事物的发现和解决，这是为孩子的脑力的发展启动的推动剂，让孩子更加积极地思考问题。

（3）**好爸爸应当顺应时代的发展，不断地扩充自己的知识面**。知识是无止境的，世界上没有一个人可以说自己已经学完了所有的知识，这样的话一旦说出口，绝对会招来人们的嘲笑。我们的祖国给知识的评论就是"活到老学到老"。可见，只要人还活在这个世界上，就不可能有学完知识的一天。知识是人们在生活中对经验的积累所产生的，而每天都会有不同的人发现不同的经验。所以好爸爸在教育孩子的时候，就应当顺应时代的发展，在不同的时代学习不同的知识。

第四节　教孩子学会独立思考

用思想去战斗，而不应受思想的束缚而裹足不前。每人都有其独特的思维方式。

——俄罗斯寓言家菲德鲁斯

"爸爸，这道题我不会做，你教下我吧！"儿子对正坐在电脑旁的爸爸说。

爸爸转身看了下题目，是一道很简单的问题，以儿子的学习水平不可能不会的，爸爸知道儿子又想偷懒了，于是对儿子说："宝贝，爸爸这里也有个问题想了好久都不会，要不，我们互相换着解决？"

"好啊！爸爸，我们俩换着做啊！或许真的会有帮助呢！"儿子兴奋地说。

"哦！好嘞，我终于可以歇会了，这个问题我都想了一上午了还是不明白，如果你帮爸爸解决了，爸爸请你吃哈根达斯，好好地犒劳犒劳你。"爸爸看到儿子的反应就知道自己的猜测没有错，儿子确实是因为不想做才那样的，而并非是不会做，所以他要让孩子知难而退。

"嗯，爸爸不许耍赖哦！"儿子掉在了爸爸的陷阱里还毫无察觉。

于是，爸爸和儿子互换了问题，儿子的问题确实很简单，但是爸爸不能帮儿子做，他要等着儿子自己宣布退出，只有这样，儿子才会心安理得地去做自己的作业，当然，爸爸的问题是绝对不会让孩子解决的，如果孩子真的有天赋解决了，那也只能说孩子真的很厉害。

爸爸和儿子都在客厅里努力地思考，两个人的脸上都露出很难的表情，只是儿子是真难，爸爸是装难。两人互换问题半个小时后，儿子对爸爸说："爸爸，这道题太难了，我不会做。"

"宝贝，做事不可以半途而废哦！你要坚持，你看爸爸现在不是也还在想吗？"爸爸故意激儿子说。

"哎！爸爸，那我们换回去吧！反正那道题对于我来说，也是很难的，我再去思考那道题也算是迎难而上啊！"儿子开始狡辩了。

于是，爸爸就顺着这个台阶说："那好吧，反正我想了好久也没弄明白，要不就当换一下脑，我们再换回去接着自己的问题想。"

"嗯，爸爸，把我的作业给我吧！"儿子急切地说。

于是爸爸把作业还给了儿子，此刻儿子再也没有了刚才的急躁，好好地坐在那里思考问题了。过了一会儿，儿子就把问题给解决了，而爸爸自然是没有什么问题的。

但从那以后，儿子很少再去问爸爸问题了，每次都尽心地去做自己的题目，除非真的是想了很久也不明白的才会向爸爸请教。

孩子在做题目的时候，对于一直做同样的题目很容易失去耐心，但孩子也知道要把作业做完才能去玩，这时孩子就很容易想到找爸爸或同学替自己快速解决问题，而这个时候，爸爸要注意看孩子是否是真的不会做，通过自己平时对孩子学习的了解，如果孩子只是不想做，这时，爸爸要及时想到好的方法去阻止孩子偷懒，就像例子中的爸爸那样，在不伤害孩子的情况下，又能让孩子自己解决，但是，如果孩子是真的不会做的话，爸爸就应当放下自己手头的事情，仔细地给孩子讲解不懂的地方，只有这样，孩子才能

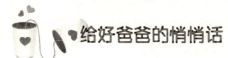

正确地去看待问题。如果孩子在自己真的不懂的时候向爸爸请教，而爸爸总是推托的话，长此以往，孩子会在这样的教育方式的影响下，放弃学习。

给好爸爸的悄悄话

好爸爸要教孩子学会独立思考，但不是对孩子所有的问题都不管不问，爸爸要做的是在确定孩子自己可以独立完成的情况下，想办法让孩子自己思考，但在孩子确实不会的情况下，要给孩子仔细地讲解，让孩子学会不懂就问，那这样才可以区分孩子是真的不懂还是装作不懂呢！下面有几个方法：

（1）**平时多注意孩子的学习，知道孩子在学习中的长处与短处。**好爸爸去注意孩子的学习，是很重要的一件事情，因为你不注意孩子的学习也就无法了解孩子对哪方面擅长，对哪方面又不擅长，这样的话不利于爸爸对孩子的了解，也就分不清孩子对不懂问题的真假，有句俗话叫"知己知彼，方能百战百胜"就是这样的道理。

要想去战胜别人，就要去了解那个人的全部，只有你对他了如指掌，你才能立于不败之地。爸爸对孩子也应该是一样的，要时刻注意孩子的动向，了解孩子的全部，这样爸爸就可以正确地教导孩子了。

（2）**给孩子足够的空间，让孩子想象。**在生活中，多数的家长都会在孩子正在学习的时候，喊孩子吃饭，这是很平常的，也是最常见的教育的误区。家长在喊孩子的时候，会打乱孩子的思路，让孩子觉得烦躁。如果那时，孩子正好不想思考了，家长这样的做法无疑是给了孩子一个很好的台阶，让孩子自然地下台，但长期这样的话，孩子会依赖于家长的叫声，使孩子无法安心地思考学习。

（3）**多给孩子出些智力问题，激发孩子的思考能力。**无论是智力游戏还是智力问题，对孩子的脑力发展是一个很好的帮助，但是家长在实施这样的教育的时候，一定不能让孩子感觉到你是故意出题给孩子，那样孩子会产生心理压力，不能很好地思考问题。如果家长在给孩子出题的时候，能变着一起思考的话，会让孩子很快乐地接受挑战。

● 第五节　注意保护孩子的注意力和兴趣

天才首先是不知疲劳的、目标明确的劳动，在一定事物上集中注意力的能力。

——苏联切列巴霍夫

小雪很喜欢研究动物，像蚯蚓、毛毛虫这些看起来很吓人的动物小雪都喜欢，但对于小雪的这一举动爸爸却不赞同，他觉得女孩子就应当去学些乐器方面的知识去提升自己的气质，而不是每天和脏脏的动物打交道。因此，爸爸帮小雪报了乐器班，让小雪好好地练习，谁知小雪每天上乐器课的时候就打盹，在课堂上根本就没有听过课。现在老师看到小雪就觉得头痛，问小雪怎么不听课，给小雪做心理辅导也没有用，小雪依旧我行我素，根本就不当回事。无奈之下，老师只好找来小雪的爸爸，一起讨论针对小雪的方案。

"小雪最近在家里有没有什么反常啊？"老师问小雪的爸爸。

"没有啊！小雪一直都是回到家里就去观察自己的小动物，从来都没有变过啊！"爸爸不解地说。

"小雪最近怎么了？"爸爸问老师。

"小雪这几天根本就没有学过乐理课。每次上了课就睡觉，我询问过小雪最近发生了什么事，可是小雪根本就不理我，所以，我想小雪是不是在生活中遇到什么事情了。"老师说道。

"应该没有吧，我只是没有让她去实验班，应该问题不大啊！"爸爸摸着脑袋不解地说。

"实验班？小雪说过自己想去实验班吗？"老师急切地问。

"嗯，小雪从小就喜欢研究动物，对动物的身体特征比我还清楚呢！但我觉得动物太脏了，所以就没让她去。"爸爸回答道。

"唉！怪不得呢？小雪是在向你抗议呢！你作为爸爸也真是的，孩子那么明确地表示过自己喜欢什么，你怎么能逆孩子的兴趣而行呢！孩子的兴趣决定孩子的成长趋势，你作为爸爸是要支持孩子的兴趣，而不是用你自己的喜恶来判断孩子的兴趣啊！"老师向爸爸解释道。

老师的一番话敲醒了爸爸的回忆，他想起了自己以前也和女儿一样，很喜欢学一门学科，可是却因为爸爸的不支持而放弃了，导致那件事在自己的心里现在还是一份遗憾。爸爸猛然觉得自己确实做错了，他不该去阻止女儿的，不过女儿比自己勇敢，最起码女儿还在坚持，爸爸知道他该怎么做了。

回去后爸爸和小雪谈了很长时间的话，爸爸向小雪承认了自己的错误，说自己不该只是想到自己而忽略小雪的兴趣，还好小雪的坚持没有让他错得太多。爸爸还告诉小雪已经帮她重新报了实验班，希望小雪可以原谅自己的自私。小雪听到爸爸对自己说的话，激动得抱着爸爸哭了起来……

很多时候，孩子都因为爸爸的态度而放弃了自己的兴趣，从而转向自己不喜欢的学科，原因在于爸爸的压迫和不支持，让孩子不能全心地去面对自己喜欢的东西。所以爸爸在教育孩子的时候，要根据孩子的兴趣爱好让孩子去学自己感兴趣的，而不是因为你不喜欢就去阻止孩子。孩子只有在自己感兴趣的领域中，才会有突出的收获。

给好爸爸的悄悄话

孩子小的时候，注意力是很不集中的，而孩子一旦找到自己感兴趣的事物就会高度集中注意力，这是孩子在向父母传达自己喜欢这件事物的方式。这时爸爸就应当让孩子多接触他感兴趣的事物，培养孩子的注意力，而高度的注意力可以让孩子很快地适应学习环境。培养孩子的注意力，好爸爸需要注意好以下的几点：

（1）**当孩子在认真观察事物的时候，不要去打断孩子的思路**。因为那时正是培养孩子注意力的时候。如果总是在孩子集中精力的时候去打断孩子的思路，就相当堵塞了孩子的思路，让孩子对一件事物不能完全地投入。这样容易使孩子对任何事情都半途而废。

集中力是一件事情能否成功的关键，如果一个人做任何事情都没有一点耐性的话，那他也只能做"扶不起的阿斗"了，因为他对事物的认识不全面，不能让他很好地去处理问题。

（2）**多陪孩子做他喜欢的事情**。每个人都很中意自己喜欢的事情，面对喜欢的事情，情愿一直待在那里不走，也不情愿做到半途而废。孩子也是一样，孩子在面对自己喜欢的事物的时候，也会像着迷了一样，一直盯着不动，而对自己不喜欢的事物，孩子同样是极度没有耐性，会随手丢在一旁。因此，爸爸多陪孩子做他喜欢做的事情，可以培养孩子的定力，让孩子不至于面对任何事情都是三分钟热度。

（3）**多带孩子玩定力游戏**。游戏是开阔孩子对事物产生兴趣的最佳方法，定力游戏可以让孩子在不知不觉中培养自己的注意力。而游戏中的乐趣让孩子感觉不到这是训练，只会觉得是在玩一样有趣的游戏。这样的方法更容易让孩子接受，也能让孩子很好地适应。

多带孩子玩定力游戏，可以促进父子关系的和谐，而定力游戏中又包含了坚持、坚定和毅力。就像笑不露齿一样，看似很简单的游戏，做起来却很难，它是双方面对面地盯着对方，可以做各种眼神，但是不可以露齿笑，这个游戏很大程度地挑战了人的承受能力。

第六节　孩子不需要太聪明，太锋芒毕露

一个能思想的人，才真是一个力量无边的人。

——法国小说家、剧作家巴尔扎克

"你很聪明，但是你并不优秀。"这句从好朋友口中说出的话让聪聪很伤心，他实在想不明白，为什么好朋友会说出这句话，难道就因为自己总是出风头吗?

星期天的时候，聪聪和好朋友一起去公园玩，里面的风景很好，好朋友一直吵着要自己帮他拍照，聪聪觉得很烦，他最讨厌做这样无聊的事情了，于是对好朋友说："你怎么那么弱智啊! 这里的风景有什么好啊! 你想要的话，改天我帮你在电脑上合成些照片，比这美多了。"

好朋友对他的话也不理睬，就一个人拿着相机去旁边照相去了，聪聪感觉到好朋友生气了，但他一直都是个骄傲的人，无论在学习上还是在生活上，一直都站在高高在上的位置，因为他很聪明，是爸爸和老师眼里的天才，这样的因素使聪聪根本就不知道错是什么。

聪聪走到朋友的身边，想表态但就是说不出来，最后，

他对朋友说："哎！你那么小气干吗，我又没说你什么，你值得这样子和我较劲吗？"

好朋友气愤地说："我一直以为，你只是有些骄傲，但是对人最起码的尊重你还是会懂的，现在才知道是自己想错了，你的骄傲已经蒙蔽了你正常地去看待这个世界，你根本就不知道如何同人交往，只知道看你自己的心情，这有什么用啊！你虽然聪明，但是你却并不优秀。"

好朋友的话给了聪聪很大的打击，他不知道该怎么面对，他长这么大第一次有人这样说他，而这个人不是爸爸妈妈，也不是老师，而是他最好的朋友。也正因为这是他最好的朋友，所以，他才开始仔细地去寻找自己的缺点，他要去改正自己的缺点，虽然爸爸说骄傲没错，但聪聪知道自己错了，因为朋友不理自己了，所以他要放下骄傲去找回友谊。

在孩子的心中，朋友是至关重要的，尤其是在家长不能和孩子很好地沟通的情况下，孩子的朋友就是孩子疗补心理创伤的最佳良药，朋友的出现可以让孩子感觉到快乐，而孩子的很多决定和习惯也会因朋友而改变。

给好爸爸的悄悄话

孩子聪明是好事情，但是不能纵容孩子骄傲。即使自己的孩子生来就有超强的能力和天分，也要教导孩子凡事让三分。做人谦让是很重要的，不懂得谦让的人往往会多出很多事端，因为这个世界上不缺少霸道的人，就缺少懂得如何做事的人。**好爸爸在教导孩子的时候，不是要告诉孩子聪明就可以骄傲，而是应该告诉孩子如何做人，怎样处理问题。**作为好爸爸给孩子怎样的教育才是最重要的呢？

（1）**教导孩子学会收敛自己的光芒。**一个人即使是个天才，周围没有一个朋友或支持他的人，依然是可悲的，是毫无成就的。每个人的成功都是为了向自己在意的人证明自己的能力，如果一个人成功了，可是却没有在意他的人了，那时他的成功就可以说是毫无意义的，当然这是针对他本身，因为值得他炫耀的人已经没有了，那么再大的成功也只是一页白纸罢了。所以，爸爸在教育孩子的时候要教会孩子怎样和别人相处，不应当骄傲自大，用自己的聪明去诋毁别人，这样的做法是错误的，只会让孩子和人群越走越远。因此，在教育孩子的时候，就要教会孩子如何去收敛自己的光芒，让孩子可以正常地和人群接触。

（2）培养孩子的良好习惯。培养孩子的良好的习惯，比孩子锋芒毕露要好，好的习惯可以让孩子在生活和学习上都有一个好的规划，不容易让孩子出错。而好习惯的形成能让家长省去很多的时间，因为在一些事情上，根本就不用家长费心。比如孩子习惯了每天九点睡觉，那时即使你让孩子晚睡，孩子也还是会九点睡觉，这就是为什么别人经常说有一个好脾气不如有个好习惯。

（3）教导孩子学无止境。让孩子知道知识是无止境的，不应当拿着自己的一点皮毛就去向别人显示，那样只会让自己碰壁。激发孩子更努力地去探索新的知识，孩子会在心里给自己制定目标，告诉自己还需要努力，因为自己还没有成功。

第七节　好爸爸理智行事，坏爸爸意气用事

自我控制是最强者的本能。
——英国现代杰出的现实主义剧作家萧伯纳

露露的爸爸是个急性子，和他说话不过三句一定会吵起来，所以街坊邻居都对他抱着"惹不起总躲得起"的态度，邻居看到露露的爸爸来了就立马躲起来了，生怕和他说话会打破了自己的好心情。然而，露露的爸爸却不认为这是别人不想和他来往，还觉得这是因为自己有威信而沾沾自喜呢！不过，这可就苦了露露，现在露露在学校里根本就没有朋友和她一起玩，露露的同学受了家人的影响，觉得露露会和他爸爸一样，会无理取闹，因此就抱着多一事不如少一事的心态，拒绝与露露交往。露露很伤心，回家很气愤地吼了爸爸，还把在学校的情况都吼了出来。谁知道，爸爸安慰过露露说自己会改的，第二天就去学校里找老师理论去了。

"你们学校怎么搞的啊！都没有人和我女儿玩了，你们也不管管，这样的学校让我女儿学什么啊！"爸爸冲露露的和她班主任吼道。

　　"你先不要发火，我们也正在想办法解决这个问题，不过问题比较复杂，让我们很难下手。"班主任解释道。

　　"有什么难下手的，有什么困难你就明说了吧！我现在就只要保证我的女儿有人和她玩。"爸爸说道。

　　"这个，因为据我们了解，露露和同学们本身就没有存在什么问题，而导致她和同学不和的原因在于你，这和你平时的作风有关。由于你经常和邻居争吵，所以，邻居都教导孩子不要和你的女儿来往，怕你的女儿身上有你的脾气，那样相处起来就很麻烦，而露露的同学也知道你平日里的样子，所以也都拒绝和露露玩了。"班主任如实回答。

　　这时露露的爸爸真恨不得找个地缝钻进去，他觉得现在的自己就是搬起石头，自个儿砸自个儿的脚，痛了也还要强忍着。于是，露露的爸爸向老师保证说自己会改正，之后就灰溜溜地回家了。

　　到家后，露露的爸爸仔细地回想了一遍老师的话，觉得老师说得很对，自己确实做错了很多。于是，在以后的日子里，爸爸都在很努力地改正，还把自己的缺点都写在了一张纸上，放在自己可以看到的地方，用它来帮助自己改变。

　　现在露露的爸爸和邻居的关系逐渐地回升，而露露的同学也开始和露露玩了。

　　爸爸对孩子的影响是很广泛的，所以爸爸一定要注意自己平时的言行举止，在待人接物上，不要总考虑到自己的感受，也要为别人多想一下，这样的话容易和别人打成一团，对孩子的人际关系是一个很好的铺垫。

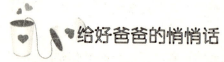

给好爸爸的悄悄话

　　爸爸的言行会影响到孩子，爸爸和周围人的关系也会影响到孩子。作为爸爸不应当自私地只为自己着想，还要考虑你的做法会带来的后期影响。上面的例子已经告诉了爸爸们，自己的问题也可能会成为大家的问题，解决问题只能从根源入手。即使最后解决了问题，但毕竟伤害也都经历过了。所以好爸爸要做的是抑制问题的发生，这里有几个方法给好爸爸参考：

（1）**面对任何的问题，都要学会理智行事**。如果爸爸最大的缺点是脾气暴躁，这就希望爸爸可以及时控制自己的脾气，可以理智地去解决问题。这不仅可以培养爸爸好的修养，也能给孩子带来好的榜样，让孩子知道，凡事以和为贵，从小培养孩子和平解决问题的能力。

（2）**经常带孩子去走访邻居朋友**。带孩子去走访邻居和朋友，可以锻炼孩子的交际能力，也可以促进周围关系的融洽。孩子在走访中所见到的不同的人和事物，可以打开孩子的思路，让孩子的思维不再是单条路线，而是纵横交错的线路，可以挑战孩子的应对能力。

带孩子去接触不同的人物，可以让孩子打消对大人的恐惧心理，让孩子正确地认识到，生活中是人人平等的。大人和孩子都是一样的，都有对事物的追求和理解。让孩子知道，面对一个问题，即使你和别人的答案不一样，也不一定你就是错的，只要你的答案合乎情理。

（3）**和孩子讨论自己的缺点，为自己的缺点制作版面**。和孩子一起讨论自己做得不足的地方，然后把自己的缺点罗列下来，制成版面并时刻提醒自己，对自己容易犯的错误仔细研究解决方案，防止自己经常犯同样的错误。这样的做法同时会给孩子树立榜样，让孩子也跟随爸爸把自己的错误罗列出来，并对自己的问题得出深刻的认识。

第八节　带孩子去单位了解你工作的环境

立志是事业的大门，工作是登门入室的旅途。

——法国科学家巴斯德

"儿子，你明天就放假了，想去哪里玩啊？"爸爸问儿子。

"嗯，爸爸，明天我去你们公司玩吧！我还不知道你的公司是什么样子呢？"儿子好奇地说。

"好啊！到时候爸爸可以给你讲下我们公司的情况，让你长长见识。"爸爸有点兴奋地说。

第二天，爸爸带儿子来到了自己的公司，站在公司楼下的时候，儿子很兴奋地说："哇，爸爸，好壮观哦！我长大了也能有这样的公司就好啦！"

"想要这样的公司啊！可以的啊！只要你努力学习，成功了自然也可以拥有这样的公司啊！"爸爸拍了拍儿子的头说。

"真的啊！那我一定会努力学习，到时候自己就可以拥有这样的公司了，这感觉真棒！"儿子激动地说。

"呵呵，我儿子一定可以的，但是，我们不可能一直站在门口吧！里面的内容你会更喜欢的。"爸爸提示说。

"哦，里面！爸爸，走啊！我们快去看啊！我可不能错过任何精彩的内容哦！"说完，儿子拉着爸爸的手就往里冲。

爸爸在心里暗暗笑着说："这孩子，我如果不说的话，他可能会一直站在门口瞅着外面不走呢！"

到了公司里面，孩子才真的是大开眼界，一路上嘴巴都没有停过，一会儿，对爸爸说这个怎么怎么的；一会儿，对爸爸说那个怎么怎么的。看着儿子的兴奋劲，爸爸开始后悔自己没有早些带儿子来参观了。

爸爸一直都担心儿子会不喜欢自己的公司，因为里面很单调，现在才知道，孩子和大人的思维及观察是完全不同的。孩子感兴趣的是自己没有见过的事物，即使一件很小的事情，只要孩子没有见过，那就是稀奇的事情。

孩子和大人完全是两种不同的思维方式，孩子的思维方式是现在式，而大人的思维方式是将来式，所以，在这二者之间就产生了差距。孩子只能够思考到现在所遇到的问题，而大人却是在努力探索未来将会遇到的问题，所以，也可以说，大人是孩子成长的先锋，孩子会沿着大人走过的痕迹继续追逐，努力进取。

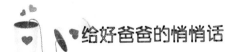

给好爸爸的悄悄话

带孩子去你的公司，让孩子对未来有个初步的规划。孩子和小朋友在一起玩的时候，他学会的是开心，而让孩子去接触你的公司，孩子得到的是震撼，这会给孩子留下深刻的印象，让孩子从小树立想要向前冲的心态，有助于孩子日后的成功。而要做到这些，好爸爸还需要注意哪些呢？

（1）告诉孩子你上班的流程，在工作中需要注意什么。这样的做法，是让孩子从小就意识到，世界上什么时候都离不开制度。制度是对日常生活的规划，能让人们的工作和生活都有计划地进行，而不至于像没了红灯控制的路况一样，汽车横七竖八地乱撞，对生产和安全造成严重的后果。

告诉孩子你的工作应该注意什么，能让孩子从小就知道做一件事情的时候，一定要先找出利弊，然后再做合理的安排，这样可以避免在日后的工作中出现同样的问题。

（2）**带孩子去你的公司，可以让孩子了解你的全部，可以促使孩子对你也不保留。** 如果你带孩子去了你工作的地方，孩子会觉得你很重视他，因为你把你所有重要的地方都和他一起分享了。

带孩子去你的公司，可以让孩子知道你的工作是什么样子的，这样可以让孩子知道，每做一件事情都需要付出努力，而不是天上掉馅饼。能让孩子在以后的日子里更加珍惜现在所拥有的一切。

（3）**现场教授你的工作内容。** 带孩子到你公司的时候，向孩子讲解你工作需要完成的项目，让孩子知道你上班并非在玩。

告诉孩子你工作中需要应酬的地方，让孩子理解你喝酒的原因，知道付出才有收获的道理。

向孩子讲解你工作中对签单的要求，让孩子知道凡事都要考虑周全，而不是断章取义，使孩子在日后的生活的学习中都能全面地看待问题。